企業不祥事

会社の信用を守るための対応策

Risk Management

川野 憲一 著

はじめに

　企業や団体が不祥事を起こすと、その謝罪と原因究明・再発防止策・関係者処分など、その後の「始末のつけ方」が問われる。「不祥事」によるイメージダウンなど一次的損害は当然のこと、「始末のつけ方」についても、不誠実な対応で幕を引けば、マスコミから批判され、二次的損害が発生する。そして、企業活動の源泉であるヒト・モノ・カネといった経営資源の毀損が拡大する。加えて公表のタイミングについても問われる。不祥事の公表を控えたり、対応遅れによる時期を失した公表は、企業姿勢を質されるばかりか、企業批判の報道が増量し、ますます損害が拡大する。

　企業不祥事を企業防衛という観点からみると、現在と1970年代では大きく様変わりしている（10頁参照）。70年代の広報は「公害問題に加え、欠陥商品、企業不祥事など企業批判が高まり、広報もマーケッティング型広報から企業防衛型広報に大きく転換」（2000年8月（財）経済広報センター、「戦略広報を考える-企業広報の実践と経営者・広報担当者の発言」）とあるように、1970年代の広報は企業防衛のために総務部の主導で不祥事を隠し通す力量、言い換えると「臭い物に蓋(ふた)」をする能力が問われた。

　しかし、現在では、不祥事を隠していても、投稿サイトなどの内部告発で発覚することが多く、その場合には隠蔽(いんぺい)リスクが発生し、報道で明らかになれば「隠蔽体質」などと企業姿勢まで強い批判にさらされる。

　不祥事対応では、内部告発者の保護を目的とする公益通報者保護法、内部統制システムの構築を義務づけた新会社法の制定など、「内科的」、「外科的」な制度で企業不祥事を未然に防ぐ方策が採用された。それでも不祥事が発生すれば、広報に求められる役割は、70年代のように隠し通す「力量」よりも、速やかに「発生した不祥事の価値判断」を行い、適切な「始末のつけ方」により、連続的な報道による事態の悪化を阻止し、二次的損害を食い止めること。その「広報力」が、社運を左右することになる。

　ここ数年の企業不祥事では、①「迅速に、逃げず、隠さず、ウソつかず（または小出しせず）」の対応で危機を回避した新聞社、②初動対応を誤り、組織的関与を問われた食品会社、③不祥事情報の内容を把握しないまま会

見に臨んだ企業、④アジェンダセッター（話題決定者）とされるメディアの1面トップと社会面で、不祥事が記事にさらされたことの意味を判断できず会見に臨んだホテル会社、などが記憶に新しい。

「始末のつけ方」で、社運の傾きを回避した企業と傾けた企業。先の4事案は企業の不祥事対応を、特徴的に表している。共通項として企業の「不祥事情報の価値判断（分析・評価）」の差になって現れている。この差は、世間の動向やマスコミ論調などを含め、不祥事の情報価値の把握に努めていたかに係っている。いずれも、経営幹部をサポートする広報などブレーンの責務だが、世論を形成するマスコミとの接触が限定されているため、この分野でのリスクが増大しているという現実がある。

特に不祥事の際は、広報が社内外に向けて「目、耳、口」を動員し、他の部署より主導的な立場で、ブレーン役に徹することができるかに係っており、このリスクに対して広報の役割は従来に比して重くなっている。

企業不祥事のレベルや内容をできるだけ整理して、「広報現場に提供したい」というのが、本書を書いた動機である。

全体の構成は、1章では、広報の活動領域の広がりと企業不祥事の際の立場を、総論的に見た。

2章は、主として、不祥事の分類、不祥事予防策、そして、その発生には、企業内部だけでなく外部要因が大きく係っていて、沖合いから発生する企業リスクについて述べた。

3章では、立場を変えて、社会部記者の企業批判の感性や目線を理解してもらうため、取材方法や取材活動を眺めてみた。

4章は、企業不祥事の事例に触れながら、報道各社の記者が教えてくれた「取材の要点」や「取材対象」に頁を割いた。企業危機でもM&A（合併・買収）などに関わるリスク全般を扱っていないが、社会的責任がストレートに問われる企業不祥事の際の対応事例に触れた。マスコミを目指す学生諸氏にも、参考にできるものと思っている。

5章では、緊急記者会見の注意点を紹介したが、"優れたハウツー物"の類書が多く、最小限の要点に絞った。

本書は、広報実務に携わる方々や、多数の社会部記者から不祥事について、話を伺った。企業によって不祥事対応もそれぞれ色合いが違う。しかし、共通しているのは不祥事に直面し「始末のつけ方」に奔走する広報の心労であり、社会部記者の社会的正義を追及する戦闘的な姿勢は、相変わらず強いということである。

　広報は、企業が成長するために展開する設備投資や海外進出などブランド構築に資する「いい話」ばかりが活動の領域ではない。不祥事の時には、広報は生活者やマスコミから、それに加えて社内からも責められ、股裂き状態で後退戦のしんがりを務めることになる。しんがりは、不祥事の「始末のつけ方」で消耗戦を強いられるものだ。こうした事態に、広報担当者の心身をすり減らした対応を見てきたこともあり、本書では、できるだけ広報現場に近いところで、過去の企業不祥事の事例を参考に、分りやすい内容とすることを心がけたつもりである。また、記者を目指す学生諸氏にも、企業が不祥事を起こしたとき、社会部記者はどういう目線で、何処で、どういう取材をするのか、その一端を理解していただければ喜びである。

　なお、本書の内容は筆者の考え方であって、私が所属している会社の意見を代表しているものではない。そのため、この本を書くにあたって意見や見方を頂戴した多数の報道人が参加する交流会「なんかい倶楽部」(「終わりに」を参照)の名前を冠した。

<追記>

　最終校正を終え、印刷工程にかかろうかというときに、突然「不二家」の事件がテレビに映し出された。消費期限切れの牛乳でシュークリームを製造・販売し、内部告発で明るみに出た事件だった。不祥事の発表を放置していた不二家は、発覚以降社内の独自調査を進めたところ、これ以外にも18件の期限切れ原料を使っていたことが判明したと発表した。いや、発表せざるを得ない状況に追い込まれたと表現したほうが正確だろう。不二家の公式発表と同時に、「自粛」の意味を込めて、直営店、フランチャイズ店での洋菓子販売を中止するという断を下した。こうした不二家の事

後処理を待っていたかのように、流通大手各社は全ての店舗で不二家の商品を、安全性が確認されるまで撤去する動きが、雪崩のように広がっている。

　企業不祥事は、当然のごとく株価にも反映した。不祥事が大きく報じられた1月11日の終値は211円（前日比22円安）。不二家ブランドは、一気に消費者離れ、投資家離れを起こしているのだ。

　今回の不祥事の要因は根が深いものがある。昨年11月初旬に事態を把握していたのに、迅速な公表を避け、通信社の特ダネ報道に押されて謝罪会見に追い込まれたのが第1のつまずきだ。続けて、社長以下幹部の会見での記者対応が、すべて社員、パート従業員への責任転嫁に終始したこと。これがつまずきの第2である。その結果、社長の退任発言という最悪のシナリオが待っていた。これが第3のつまずきだ。本書で解説したごとく、迅速に対応しなければ、売上減や株価下落など消費者・投資家の方がスピードを上げて拒否の意思を示すのは火を見るよりも明らかなのである。

　不祥事の「爆発力」はいんぺい隠蔽すればするほど強力になり、対応の遅れは二次的損害を倍加させる。まさに不祥事対応は「迅速に、逃げず、隠さず、ウソつかず（または小出しせず）」に尽きることを今回の事件も教えた。

　長年、子供達に愛されてきた「ペコちゃん、ポコちゃん」も泣いているに違いない。

《目　次》

はじめに　　　　　　　　　　　　　　　　　　　　　　　　　　　　　i

1章　企業不祥事と広報

1. 広報は戦略部門　　　　　　　　　　　　　　　　　　　　　　　　2
公表リスクと隠蔽リスク………11
4つのコミュニケーション………13

2. インベスターリレーション（IR）も経営リスクを内包　　　　　15
株価は経営（者）の総体評価………15
「相場の森」を見る………15
記者と市場の不信感を払拭し、リスクを回避………16
1紙リークは経営リスクを発生させる………17

3. クライシス・コミュニケーション　　　　　　　　　　　　　　20
生活者視線で………20
まず、社会から罰せられる………21
判断ミスと情報経路………23
　①部門間の問題………23
　②情報経路………24
　③オーナー経営者………24
「迅速に、逃げず、隠さず、ウソつかず（または小出しせず）」…………26

4. こうして会社を救った　　　　　　　　　　　　　　　　　　　27
毎日新聞社………27
事件の概要………27
事件の経過………27
広報の観点………29

5. ホットラインを作れ　　　　　　　　　　　　　　　　　　　　31
広報の財産は…………31

二次的損害を断て！………31

《用語メモ》 33
　アカウンタビリティ…33　警鐘報道…33　兜倶楽部…33　アナリスト…34　記者クラブの歴史…34　株価操縦…38　論説委員…38　通信社…38　新聞の種類…39　ブランディング…40

2章　経営リスクとネガティブ情報

1. リスク顕在化の予防策 43
　不祥事情報の価値判断………43
　コーチングスタッフ………43
　リスク予防制度………45
　コンプライアンス体制………46
　　表　内部告発で発覚した最近の主な事件………47
　　別表1　主な企業不祥事と株価への影響………49
　リスクの分類………50
　　(1) 一般的なリスク分類………50
　　(2) 企業を取り巻く主なリスク………50
　　(3) 外部リスクと内部リスク………51
　　　　コンプライアンス体制………52
　　　　内部通報制度（スピークアップの仕組み）………53

2. 経営リスクが増大する要因 54
　〔外部要因〕
　　(1) 国際化が行政の視点を変えた………54
　　(2) 変化する社会意識の認識欠如………57
　　(3) 法改正で新たなリスクが発生…いわゆる「初もの」………59
　　(4) 政変で事件が露見………60
　〔内部要因〕
　　(1) 有名性………61
　　(2) 悪質性（隠蔽行為）………62
　　　①日本ハム
　　　　事件の概要………62

　　　　　広報の観点………**63**
　　　　②明徳義塾高校………**64**
　　（3）悪質性（ウソ）………**64**
　　（4）初期対応の誤りは尾を引きずる………**65**
　　　　①雪印食品……「初期対応を誤った」………**65**
　　　　　事件の概要………**65**
　　　　　事件の経過………**65**
　　　　　記者の見方：時間リスクが発生する………**69**
　　　　　広報の観点………**70**

3．企業不祥事の分類　　　　　　　　　　　　　　　　　　　　　71
（1）個人的犯罪と組織的関与………**71**
　①個人が起こした事件………**71**
　　事件の概要　・強盗の疑いで逮捕………**71**
　　　　　　　　・銃刀法違反の疑いで送検………**71**
　　　　　　　　・窃盗の罪で起訴………**72**
　　記者の見方………**72**
　②社員の独断行為による不祥事………**72**
　　兼松日産農林………**72**
　　事件の概要………**72**
　　事件の経過………**73**
　　広報の観点………**74**
　　記者の見方：中途半端な回答はマイナス………**74**
　③組織的関与………**74**
（2）一過性記事と継続的記事………**75**
　①一過性で終る記事………**75**
　②継続的に掲載される記事（続報）………**75**
　　記者の見方：事案の節目に書く………**76**

《用語メモ》　　　　　　　　　　　　　　　　　　　　　　　　　76
国税庁記者クラブ…**76**　大会社…**76**　年次改革要望書…**76**　風説の流布…**76**　公正取引委員会…**77**　改正下請法…**77**　55年体制…**77**　企業行動憲章…**78**　雪印乳業食中毒事件…**80**　ＪＦＥスチール水質汚濁事件…**81**　雪印食品牛肉偽装事件の無罪判決要旨…**81**　逮捕…**83**　送検…**83**　起訴…**83**　犯罪被害者の実名の公表…**84**

3章　企業不祥事と社会部記者

1. 社会部記者が動いた　　　　　　　　　　　　　　　86
根拠なき楽観は禁物………86

2. 社会部記者の目線　　　　　　　　　　　　　　　　89
法律論でなく………89
記者の見方：言い訳や居直り発言はタブー………91

3. 社会部が一斉に動くとき　　　　　　　　　　　　　92
記者の見方：不祥事広報に奇策なし………92
広報の観点………92

4. 他社が追っかけてくる　　　　　　　　　　　　　　94
一斉取材のパターン………94
電話が鳴り始める………94
記者の見方：電話取材………95

5. 上りネタ・下りネタ　　　　　　　　　　　　　　　98
地方ネタ………98
記事の流れ………99

6. 取材テクニック　　　　　　　　　　　　　　　　 100
奥の手………100
新社長人事では…………101

7. 事件記者の夜回り、朝駆け　　　　　　　　　　　 103
睡眠時間は3〜4時間………103
警視庁記者クラブ所属記者の一日………105
国税庁記者クラブ所属記者の一日………109
地方記者………112
県警本部の主な組織と役割………114

8. 特ダネ記事の見分け　　　　　　　　　　　　　　　　　　115
特ダネ、匿名記事の見方………115

《用語メモ》　　　　　　　　　　　　　　　　　　　　　　　117
特ダネ…117　２ちゃんねる…117　ブログ…117　デスク…117　警察の隠語…118
方面本部と記者室のある警察署…121　警視庁七社会…121　調査報道…122

4章　事例にみる企業不祥事

1. ゼネコン汚職　　　　　　　　　　　　　　　　　　　　125
事件の概要………125

事件の経過………126

記者の質問………128

広報の観点………130

記者の見方：汚職報道はいち早い内偵のキャッチがカギ………130

汚職の取材ポイント………131

2. 工場火災　　　　　　　　　　　　　　　　　　　　　　134
事故の概要………134

広報の観点………135

記者の見方：火災取材………135

火災取材のポイント………136

3. バス事故　　　　　　　　　　　　　　　　　　　　　　139
事故の経過………139

記者の質問………140

広報の観点………142

記者の見方：交通事故………142

バス事故の取材ポイント………143

謝罪リリース………146

4. インサイダー取引 …………………………………………………… 147
　事件の概要………147
　広報の観点………148
　記者の見方………148

5. 食中毒 ………………………………………………………………… 150
　事件の概要………150
　雪印乳業の対応経緯………151
　　(1) 初動対応の遅れ………151
　　(2) 情報がトップに伝わらず、または共有されていない………151
　　(3) 二次的損害の発生………151
　記者の見方………151
　記者の取材ポイント………154

《用語メモ》 …………………………………………………………… 154
集団的過熱取材…154　名誉毀損…156　プライバシー権…157　肖像権…159　酒気帯び運転と酒酔い運転…159　両罰規定…160　ＪＲ西日本福知山線事故…160　証券取引等監視委員会…160　インサイダー取引…160

5章　緊急会見の進め方

1. 会見の事例 ………………………………………………………… 165
　〔不当・虚偽表示〕………166
　〔情報流失〕………166
　〔インサイダー取引〕………167
　〔利益供与〕………167
　〔独占禁止法〕………167
　〔データ捏造〕………167
　〔その他〕　………169

2. 会見前の注意点 …………………………………………………… 170
　記者の期待値は………170
　　(1) 事前の準備………170

公表情報を状況把握シート（ポジションペーパー）に………**170**

　　　想定質問と回答文の作成………**173**

　　　報道資料の作成………**174**

　　　スポークスマンの選定………**174**

　　　ネームプレートなど………**174**

　　　服装………**175**

　　　報道受付………**175**

　（2）会見場所………**175**

　　　本社会議室………**175**

　　　記者クラブ会見室………**176**

　　　会場レイアウトなど………**176**

　　　弁護士同席は…………**177**

　　　締切時間を念頭に………**177**

　　　記者の見方：産業災害の会見の場合………**178**

3. 会見中の注意点　　　　　　　　　　　　　　　　　　　　179

　　司会者の禁句………**179**

　　会見者の禁句………**179**

　　面接時の姿勢で…………**180**

　　記者の見方：会見について………**180**

4. 会見後の注意点　　　　　　　　　　　　　　　　　　　　182

　　論調分析………**182**

　　誤報対応………**182**

　　リスク管理規定………**182**

　　危機管理行動マニュアル（誤報対策規定）………**183**

　　取材記録ノート………**185**

　　会場レイアウト参考図………**186**

あとがき　　　　　　　　　　　　　　　　　　　　　　　　188

参考文献一覧　　　　　　　　　　　　　　　　　　　　　　193

索引

第1章
企業不祥事と広報

第1章　企業不祥事と広報

1. 広報は戦略部門

　企業を含め、私たちの身の回りで折りに触れて関係をもつ「広報部門」というセクションについて、何らかの分析などを加えようとする際、どうしても忘れてならないのが中央官庁の「広報部」「広報課」「広報室」という存在であろう。何事につけ、先例、先鞭を付けるのは日本にあっては官庁である。これは先進諸国に後れを取ること100年、あるいは200年といわれる日本にあっては、止むを得ないことなのかもしれない。

　あまたの官庁にあって、「広報部門」の重要性にいち早く着目したのが、警視庁であるという事実はあまり一般には知られてはいない。もちろん、記者クラブ、記者室の発生と同時に、広報部門的な役割を持った部署が役所内に設置されたことは想像に難くない。警視庁が広報部門を再認識したというのは、その機能の重要性であり、この機能を十分に発揮させるためのシステムを整備したということに、その現代的な重き意味を持つのである。従って、現在でも民間企業の広報担当者が、警視庁広報部のメンバーを講師にした研修会を開いているという話をよく耳にするのは、それ相応の理由があるからなのだ。

　それでは、どうして警視庁が「広報部」の重要性に着目するようになったのだろうか。それには、以下に述べるような確固とした理由があったからである。というのは、警視庁が扱う事案は、そのほとんどが殺人事件であったり、放火事件、誘拐事件、爆弾事件、銀行強盗事件、はたまた知能犯事件など、速報性を要するものばかりである。サミット警備然り、ビートルズ来日警備然り。要人警護、要人警備もその範疇に入ってくるのである。これらの事件、事故を含めた事象は、発生してからあまり時間を置かずに、新聞やテレビ、ラジオといったメディアに「事実関係」だけをスムーズに公開、公表したいという思いが働いていた。これらを主要な動機として、警視庁が調査を行い、開発、開拓したのが現行の広報システムと言って過言ではない。

それでは、警視庁以外の官庁、つまり霞が関に居を構える中央官庁は広報部門とどのように対処してきたのかを見てみると、大変興味深い事実が分かってくる。古参の役人と接触してみると分かることなのだが、一様に「広報部門は役所の冷や飯食い組が回されるところ」という認識がほぼ主流を占める。こうした証言を裏付ける事実として、昭和20年代から40年代にかけて、中央官庁のほとんどが広報部門の最高責任者、つまり課長であったり、室長であったりするわけだが、これらのポストに就く人物の中で一人たりとも「キャリア」と呼ばれる「甲Ⅰ種」合格者は含まれていなかったのである。悪く言えば、記者連中とのお付き合いは、いわば「汚れ役」であり、その"防波堤役"はノンキャリアの職員に任せきりにしておけば足りると考えていたと受け止められても致し方ない対処の仕方だったのである。端的に言えば、中央官庁の多くは、役所の広報部門をそれほど重視してはこなかったのである。

　しかし、世が移るにつれて、こうした広報部門「軽視」の風潮に大きな変化が起きたのである。特に印象的だったのは、当時の運輸省（現国土交通省）の広報室である。なにごとも、組織が大きな変貌を遂げるには、外部からのとてつもないエネルギーが必要となる。運輸省のケースでも、実際外部からとてつもないエネルギーが加えられたのである。

　昭和50年代半ば、日本の航空業界にとって史上最悪の事態を迎えていたのだ。というのは、運輸省も民間航空業界も、続発する航空機事故にいかにストップをかけるかという命題を突き付けられていた。役所にしても、業界が抱える課題をいかにスムーズにクリアできるかの法整備に追われることになった。いや、それ以上に、記者クラブからの迅速な「事実の公表」を迫られていた。文字通り、待ったなしの状態であった。

　このように目の回るような台所事情であったにもかかわらず、運輸省の広報室は旧態依然のままであった。その端的な例は、広報室の最高責任者である「室長」が「ノンキャリア」のままであった。つまり、運輸省たたき上げの職員が最前線に立って、記者クラブと対峙していたのである。

　読者の皆様も想像願いたい。中央官庁の1ノンキャリア職員が、記者ク

ラブからの要請だからといって、関係部局のキャリア局長、あるいはキャリア課長に必要な「事実を公表しろ」と命令口調で申し入れすることができようか。これまで確立してきた官庁の指揮命令系統上、ノンキャリア職員がキャリアに向かって指示することは不可能なことなのである。

　ということは、目の回るような運輸省の広報室にあって、その必要な機能は作用せず、完全にストップしていたといえる。お手上げ状態だったのである。事ここに至って、運輸省の事務方の最高責任者、運輸事務次官は、こうした事態を打開するべく「広報室長」にキャリア課長を抜擢したのである。運輸省始まって以来の出来事であった。形は「課長」から「室長」への「降格」人事ということにならざるを得なかった。抜擢を受けた広報室長には、もちろんそのことを嚙んで含ませるように説明をしたうえでのことだったが。しかし、運輸事務次官のこの打開策は功を奏した。以後、記者クラブが必要とする「事実の公開」「事実の公表」は、比較的スムーズに行われるようになり、広報部門の最高責任者は代々キャリアが引き継ぐこととなったのである。そして、初代「キャリア広報室長」はその後、運輸事務次官にまで昇り詰めたのである。

　もう一つ興味ある事実を紹介し、現在の民間企業を取り巻く広報事情に筆を進めることとしたい。ここで取り上げたいのは、国税庁の広報体制である。サラリーマンをはじめ、中小零細企業、大企業、どこの部門、部署からも税金徴収の漏れはないかと四六時中監視している税務署を束ねるのが国税庁である。もともと、国税庁の広報システムは文字通り「上位下達」の何ものでもなく、周知の文章も、いわゆるお役所流の作法が平気でまかり通っており、金釘流の文章でも一般納税者に触れ回されていたのである。要は、お国の税金徴収の意図が伝わりさえすればよかったのである。お役所のこうした体質は、税務署で働く役人気質にも大きく影響したのである。つまり、国税庁、税務署がそれほど重視もしない広報という部署に配属されるということは、「出世の妨害」と受け止めるようになっていたということだ。「妨害」という表現は、若干オーバーであるが、税務署職員の受け止め方をより正確に言えばこのほうがより実態に近いのであった。

　加えて、国税事務を20年間勤め上げれば、エスカレーター式に「税理士」

の国家資格を付与されるという国税職員の特典も、こうした風潮を手助けしたのである。誰が考えても分かり切ったことであろう。国税職員、税務署の職員にとって、定年後の生活とは一切関係のない「広報」を重視するよりも、国税事務を真面目に20年勤め上げるほうが、自分のため、家族のために大きな支えとなるからである。このように、国税庁内部での改革は、常にこの"ハードル"をいかにしてクリアするかが大問題だったのである。古参の国税職員の中には、いまでもこう考えている人の方が多いのではなかろうか。

　しかし、国税庁にも、世の荒波を受ける時が近づいていたのである。だが、まだ国税庁自身も、その中で働く国税職員も、その時代の転換点を知ることはなかった。それは、中曽根内閣が打ち出した「売上税」創設の時であった。ヨーロッパでは、俗に言う新自由主義経済とかで、英国のサッチャー首相は日本の消費税をより厳格にした「間接税」を新設して、来るべき税収不足を補足する政策をとったのである。フランスやドイツも英国同様の政策を採用し、あっという間にヨーロッパ全体が間接税の話題で持ち切りとなった。各国とも新型の間接税を導入し、徐々にその税率が引き上げられていったのである。

　そんな中、日本も高い行政サービスを維持するためには、直接税一辺倒ではどうしても立ち行かなくなり、ヨーロッパを見習おうということで、「売上税」導入となったのである。もちろん、こうした間接税の導入に対し、野党各党はこぞって反対の意思を表明。なんのための徴収なのか、その目的が明確にならないうちに税を納めることになる「間接税」に対し、国民も違和感を持っていた。煮え切らない政府の説明に追い討ちをかけるように、新聞、テレビ、ラジオ、雑誌といったメディアが、連日、連夜、石つぶてのように、国会に、役所に、企業に、そしてお茶の間に「売上税」反対の意見を撃ち込んできたのである。こうした異様ともいえる「反対」運動の盛り上がりに、どうして国税庁の、いわゆる金釘流の広報体制が立ち向かうことができようか。

　結果は明白であった。勝敗はあっさりとケリがついてしまった。中曽根内閣が打ち出した「売上税」法案は、無残にも廃案となってしまったので

ある。このような経験は、国税庁の広報体制に対するものの見方、考え方を変えるきっかけとなった。いや、変わらなければ将来の安定税収の確保に向けた諸施策は打ち出せないという切羽詰まったところにまで事態は来ていたのである。

　国税庁の広報体制、広報システムはこうしてようやく「変化」へ向けてハンドルを大きく切ったのである。新聞、テレビ、ラジオ、雑誌など、ありとあらゆるメディア、媒体を取り込むことに主眼が置かれるようになったのである。広報予算も飛躍的に増やされたのはもちろんである。国税庁のＰＲが新聞やテレビに登場するようになった。おまけに、国税庁がスポンサーとなったテレビ番組もでき上がった。「税を知る週間」には国税庁長官が朝毎読の３大新聞を１年ごとに替えながらインタビュー記事が読者の目を奪うようになった。かと思うと、国税庁が広告代理店と手を組んで、新しい税構想をテーマにしたアニメ作品、漫画も完成した。

　つまり、老若男女を問わず、いかなる場面でも使用に耐え得る宣伝ヴァージョンがここに完成したことになる。裏を返せば、これまで振り向きもしなかった広報体制と真っ正面から向き合う態勢を取れる新しい国税庁が誕生したともいえる。

　このように、新生国税庁が「広報」という武器を手にした時、つまり「消費税」導入に向けた反対運動は、随所にほころびができて、大きくまとまることができなくなっていたのである。以前の「売上税」反対の時のような運動が、消費税導入に際し、途切れない運動、うねりとなった運動として政府や国税庁に届くことはなかったのだ。その結果、消費税法案は国会を通過し、現在に至っているのは読者が承知しているところである。これも、国税庁広報課が自ら変革を求めた結果、手にすることができた「成果」と評価することができよう。

　これまでみてきたように、日本の官庁における広報体制、広報システムは、外部的な要因に、柔軟に対応することで変貌を遂げることが可能となったのである。そして、変貌を遂げることができた役所には、ひとつの共通項があることも分かった。それは「戦略」としての広報である。それでは、官庁に対する対局軸である民間企業における広報体制は、官庁のように柔

軟な対処ができたのかどうかを、簡単におさらいしてみたい。

　私企業における広報の仕組みづくり、システムづくりは、やはり警視庁や中央官庁、あるいは外資系企業といった一歩先を行く組織の在りよう、行動パターンをみながら学習していった部分が多いといえよう。中小零細企業の経営者が「広報システム」についての質問を受けたとしてみよう。これに対する経営者の答えはいくつか考えられるが、一番安易で、かつ思い付きやすいのは「自社製品、あるいは商品のよい面を宣伝すること」ということだろう。筆者も、おおむねこうした意見に同意したいと思う。つまり、「広報」という意味合いから、こうしたＰＲの面を極端に強調してきたのが、これまでの広報システムだといっても過言ではなかろう。自社商品の特性を広く知らしめして、多くの消費者に認知していただくという発想である。ひいては、会社の営業に多大な貢献をして、収益をグイグイと押し上げてくれるようになれば、この「広報」とやらもなかなか捨てたものではないということになるのである。

　このような「広報」の一面も正しいと言わざるを得ない。自社に都合の良い材料、プラスになる情報なら、多少の犠牲を払ってでも、ぜひとも知っていただきたいとなるのが人情だ。その真意は、自社に都合の悪い材料、マイナスとなる情報については知っていただかなくともよいという発想に相通ずるのである。いや、より強い表現をすれば、知られたくない、知らせたくないということである。

　日本での「広報」あるいは「広報体制」「広報システム」というものは長いこと、以上のような哲学、経営理念に基づいて運用されてきたともいえる。しかし、こうした古色蒼然たる「広報マインド」は現代の日本ではさすがに姿を消しつつあるようだ。賢い消費者が育ってきたからなのか。確かにその要因も決して否定できない。それ以上に、企業を取り巻く経営環境が大きく変化してきたことが、企業の「広報」「広報体制」を見る眼を変えたともいえる。

　では、何が変わったのか。幾度かにわたる商法の改正、会社法の改正などを経ることにより、会計の仕組みが大きく変わり、外部の監査役が企業の隅々まで目を光らすようになったこともひとつ挙げることができよう。

つまり、いままでは経営の内情は極秘中の極秘事項であったが、この経営情報をどしどし外部に出して、第三者の目で分析してもらうように変わったことが、ひとつの要因とみなされる。こうすることによって、一般株主の権利もより公平に担保されるケースさえ出てきているのである。消費者にとっても、悪材料を「芽」の段階で摘むことができれば、より安全性が高まるというものだ。

　このように、企業はその周囲にある消費者や地域住民、取引先、NGO（非政府組織）、NPO（特定非営利団体）といった各界、各層の関係者（ステークホルダー）がいて、存立できるという考え方が、ようやく定着しつつあるのだ。これら企業の外部のステークホルダーとの良好な関係を取り結ぶことで企業、あるいは社員、株主の地位がより確実なものになるのである。この考え方はよくCSR（企業の社会的責任）という言葉で表現されるようになった。

　もちろん、企業は「成長」にこそ、その活動の一大目標を置いているのである。これなくして、「広報体制」の確立はないのである。さらなる「成長」を達成して、ひとつの業界のトップランナー、リーダーとなるべくビジョンを描いているはずなのだ。簡単な説明だが、「成長」を達成するには「生産性」の恒常的な高まりがどうしても必要となってくる。ここで、無制限の「生産性」の追求を容認するというのではない。先にも述べたように、企業を取り巻く様々なステークホルダーとの意見調整が必要となってくるのである。この意見調整の場こそが、各企業がもつ「広報マインド」がストレートに表現される舞台となるのである。この広報マインドに裏打ちされたものを筆者は「責任」、つまりCSRと表現したいと思っている。「責任」の中味は、企業によって様々なものになるはずである。タバコメーカーであれば、未成年者の喫煙を防止するためにどうするか、化粧品メーカーであれば使用する人々、つまり消費者とのコミュニケーションをどのようにとれるのか等々である。

　例えば、未成年者の喫煙防止にはどうしても教育関係者、地域住民団体との意見交換が必要となるだろう。また、化粧品の場合、商品の安全性を高めるために、使用頻度の高い女性の研究者を育成する事業を助成したり、

一定の成果を上げた女性研究者の表彰といったことも重要なものとなるかもしれない。

　以上のように、企業を取り巻く環境が複雑になってきている現在、一定程度のCSRを果たすことは、その国、その地域における、企業の信頼性を高め、ひいては株主への評価を形づくる上での大きな推進役と見られているのも事実なのである。持続可能なCSRを実現していくにはどのような「広報体制」「広報マインド」が必要なのであろうか。ここでは3点をしっかりと押さえることが肝要であると考えている。第一点は、企業はその国、その地域で、活動を展開する際、国や地域へ「税金」のような形で貢献するケースもあるが、反面環境等への影響を及ぼしていることも忘れてはならないということである。つまり、事業を展開する企業は、社会に対するインパクト全体に責任を持つという意味から、CSRを企業の中核的な行為と位置づけるという哲学、経営理念をもつ必要があるということだ。第二点は、CSRは慈善的、あるいは博愛的な行為と受け止めるべきではないということである。事業に起因する社会へのインパクト全体への取り組みであることを広報体制の中に周知させるということである。第三点は、以上の2点から結論されることなのだが、社会的に責任を取る企業というものは、事業全体、環境面、経済面での影響すべてを考慮に入れながら収益を高めるビジネスを展開しており、国または地域社会も透明性をもった情報を共有しているということである。

　強調したいことは、企業が、業界のリーダーになるというビジョンを実現するには(1)「成長」(2)「生産性」(3)「責任」という3つの戦略的な方針をより明確にしていく必要があるということだ。なかでも、CSRに裏打ちされた「広報体制」にも、明確な戦略を確かなものにしなければならないのは当然のことなのである。

企業広報活動の変遷

年　代	60年代	70年代	80年代	90年代	00年代
広報の中心	マーケティング	マスコミ対応	活性化 CI 企業イメージ	CC	コーポレートガバナンンス
キーワード	消費革命	社会的責任 モノから心へ	個性化 多様化	地球環境 フィランソロピー メセナ	コーポレートブランド コーポレートレビュテーション
主な広報対象	消費者	地域住民	生活者 社員	生活者 社員 海外	ステークホルダーズ
重視メディア	マスコミ	マスコミ	イベント クラス・メディア 社内メディア	イベント クラス・メディアと社内メディアの融合	デジタル放送 インターネット
広報資源	商品技術	トップ	トップ	企業文化 社会貢献活動	トップ
広報部門の役割	商品の魅力 会社の強みの表現	社会の意見の受信 会社の公正さの表現	会社の個性の発信 会社らしさの表現 社内広報の重視	企業文化の変革 企業行動のチェック 地球市民を表現	経営機能の一環

（財）経済広報センター　00年8月「戦略広報を考える-企業広報の実践と経営者・広報担当者の発言」より

【公表リスクと隠蔽リスク】

　企業が、経営リスクを伴う不祥事を把握したとき、どのような基準で公表するのか、広報には悩ましい問題である。

　不祥事を公表するかどうかは、

①会社の業務とは関係のない個人の起こした不祥事、

②不祥事でも、何とか隠し通せる事案、

③公表義務がなく、道義（モラル）的には問題であっても、法令（ルール）に違反していない、

④公表するには、不祥事情報の把握、確認が不十分、

などを基準とし、これらに該当すると考える場合は、「公表しない」「公表を控える」とする企業が多数を占めている。

　不祥事を公表すれば、企業イメージの低下は勿論のこと、売上げの減少や上場している企業にとっては株価の下落などの経営リスクが発生する。これらのリスクを回避するため、できるなら公表を避けたい心理が働きがちになる。

　しかし、今日では個人情報の流失やサービス残業の賃金未払い問題など、不祥事がマスコミなどを通じて発覚する前に、事前に公表する企業が散見される。

　公表するのは、

①個人情報流出問題など、公的機関が"公表するよう"指導している、

②自首と同様、発覚前に公表すれば"罪一等"減じられる可能性が高い、

③内部通報制度などコンプライアンス体制（リスク管理システム）が機能して、不祥事の早い段階での発見が比較的容易になった、

④取引先から信頼できる会社と評価され、取引停止など免れる、

⑤マスコミに公表しなかったため被害が拡大し、会社に損害を与えたなどの理由で、株主代表訴訟を受けないため、

などが挙げられる。

　これは、公表リスクと隠蔽リスクでは、隠蔽事実の発覚のほうが、はるかに高いリスクを負うからだが、こうした判断は、まだ社内で全面的に認知されたとはいい難く、この渦中で依然として広報の苦労は続く。

かつては企業不祥事が、社内で確認されたときの広報は「地獄」であった。いや、今もなお「地獄」であるといった方が、より正確かもしれない。

企業不祥事が発生し、トップに報告すれば「あっさりかたづけておけ」「外部に漏れないよう、内々に処理してほしい」と指示や要望が出され、最後には「どうしてお前（広報）のところで止められないのか」と詰問されるケースもある。記者からアカウンタビリティ（注1）を求められ、説明すると「広報は、話し過ぎる」と叱責を受け、ついには「どっちを向いて仕事しているのか」と難詰されるなど、広報担当も不祥事の対応次第で、"傷"のつきやすいポジションと認識されていた。

現在でも、ネガティブ情報が広報から担当役員へ、さらに上級役員に上がるにつれ、ネガティブ情報を伝えたくない心理が働く結果、トップに届いたときには悪い部分がスッポリろ過されてしまう。それが企業の防衛線の甘さに繋がり、広報対応を根本的に誤るケースもある。これは広報が抱える問題というより、企業体質と関わる問題でもある。B2C（企業対消費者間取引：business to consumer）の企業はエンドユーザーの反応に敏感だが、B2B（企業間取引：business to business）の企業が顔を向けるのは、公的機関や大口取引先が主体ということもあり、生活者との直接的な社会的関係から遠いこともあり最終消費者の反応に今ひとつ欠ける傾向がみられがちだ。

加えて、外部感覚を要求される広報は、生活者の目線とかけ離れ内部志向性の強い総務、法務などの意見と食い違うことも多い。

しかし、広報は従業員ばかりでなく、消費者、株主（投資家）、社員、取引先、地域住民などステークホルダーに向け、企業の存在理由を訴求する重要な部署である。メディアを媒介にしたり、ホームページ上でダイレクトに情報発信する立場である。また、半身を会社内部に置きながら、もう一方の半身で外部の意見に耳を傾ける部署でもある。いわば内務官僚と外務官僚を兼ね備えた存在である。そこでは戦略眼が要求され、不祥事のときには経営幹部にコミットし、外部（主にマスコミ）の見方を伝達する情報参謀の役割が求められる。他の部署では、上申しづらいことを直言するのが、不祥事での広報の役割であり、戦略部門としてクライシスマネジ

メントの重要な一端を担う、とされるのである。

【4つのコミュニケーション】

現在、企業のコミュニケーション活動には、大きく4つのテーマがある。一つは、企業が継続的に発展するためにコンシューマを対象にするコミュニケーション。市場調査、開発投資、設備投資、新商品開発、販売活動を通して、利益を確保していく企業のコア活動である。販売政策の一環として新商品を広告、イベント、PRなどで消費者に浸透させ、購買を促進するのがコンシューマ・コミュニケーションである。企業が不祥事を起こすと、このコミュニケーションで培ったブランドに影響を及ぼす。

「AIDMA（アイドマ）の法則」というマーケティング用語がある。消費者がサービスや商品を選択するとき、どのような過程を経て消費行動にまで至るか、という法則だ。

Aは注意（Attention）、Iは興味（Interest）、Dは欲求（Desire）、Mが記憶（Memory）、Aは行動（Action）の頭文字からとったもので「注意を喚起し、興味を覚え、欲しいと思えば、記憶しておいて、購入に走る」という法則で、「認知、感情、行動」のプロセスを踏む。

不祥事を起こせば、この法則が「サービスや商品購入を拒否する法則」に転嫁する。食品の不当表示のような不祥事ニュースは、読者、視聴者の警鐘報道（注2）にもなることから、興味深く読まれ、また聞いたりして記憶に残る。そして、ほとんどの消費者が、そのような企業には拒否反応を示し、欲しいという欲求が減退し、商品から伸ばそうとした手を引っ込める。年令や性差などの属性に関係なく、消費者、生活者を軽視している企業の本音を感じ取り、商品購入を見合わせるのである。

二つ目が社内コミュニケーションである。

昨今、日本の企業が採用しているアングロサクソン（米国流）スタンダードは、ステークホルダーのなかでも市場（投資家、株主）を優先する。その市場が経営者に要求するのは利益（配当金）の増加であり、株価の上昇である。そのため、経営者は短期的利益をあげようとリストラや成果主義に走り、社員には売上や利益の数値目標を設定される。その達成のため目

先の利益を追うあまり、法令違反を知りつつ不祥事に走ってしまうケースも目立つ。雪印食品の食肉偽装表示事件などがこの例に当てはまる。昨今のリストラや成果主義による給与体系や人事評価が、社員のロイヤリティ（帰属意識）や、一体感の喪失など会社への求心力が弱まっており、それをいかに再構築し、経営意思を伝達するかが問われているからである。

こうした状況で、社員と経営課題や価値観の共有化、社員の経営への参加意識の醸成、社内コミュニケーションの活性化などをもたらすのが、社内コミュニケーションのひとつである「社内報」の役割である。

三つ目がインベスターへのコミュニケーション（IR）である。現在、企業の評価は株価、時価総額、ROE(株主資本利益率)の指標で判断され、高株価経営がスタンダードな時代である。高株価は、会社のイメージに即つながる時代と言い替えることができる。そうしたなかバブルの後遺症で、株価低迷に悩む企業経営者は多い。06年8月現在、日経平均株価が1万6000円を超えたとはいえ、バブル時代のピーク時（89年12月）と比べほとんどの銘柄が、ピーク時の二分の一、三分の一に下落しており、「株価は経営者の総体評価」とする見方のなかで、トップが株価の動向を気にするのは当然である。

そればかりではない。国内企業同士（内・内）や海外から国内企業（外・内）への敵対的買収が急増しており、これを防御する有効な手立ては、株価を上げて時価総額を増やし、調達コストを引き上げ、買収を困難にすることである。IRは、企業の将来展望（戦略性）を明確に打ち出し、企業価値を高めるコミュニケーションでもある。

四つ目は、クライシス・コミュニケーションである。

企業は、法務・労務・財務リスクなど様々なリスクを内包しながら、事業展開している。リスクがクラッシュし、マスコミから厳しく糾弾されたとき、それに対応するのがクライシス・コミュニケーションである。このコミュニケーションに失敗すると、コーポレート・ブランドに傷がつき、企業のコア活動や株価にも重大な影響を及ぼす。

これら4つのコミュニケーションは、いずれも広報が直接、間接に関わっていて、その守備範囲は以前に増して広くなっている。

第1章　企業不祥事と広報

2. インベスターリレーション（IR）も経営リスクを内包

【株価は経営 (者) の総体評価】

ここで IR の観点から、企業が不祥事による株価低迷という状況のなかで、いかに対策を取ったかに触れておこう。このコミュニケーション活動にもリスクが内包する。

ある東証第一部企業のトップは、自社の低迷を続ける株価に業を煮やし、広報に「兜倶楽部（注3）での会見を図れ」と指示。トップからこの指示を受けた広報では、兜倶楽部所属の経済部（あるいは証券部）記者と接触し、その可能性の打診を試みた。

「会見で株価が上がるなら、どこの会社でも実施している。問題は、その会社に将来を描いた経営ビジョンがあり、それを具体化する戦術があり、またそれを、明快なメッセージで記者に訴求できるかである。

ソフトバンクの孫正義を虚業家と評する記者もいるが、彼には将来に対する構想力、およびそれを具現化する能力があり、そこを評価する記者も多い。

大手マンション会社の広報責任者も、トップから株価のことを指摘され苦慮していたが、株価は結局、経営そのものであり経営者自身の問題でもある。株価がどうのこうのでは、兜倶楽部の幹事は会見を受け付けない」（兜倶楽部記者）

株価は、経営 (者) の総体評価ということなのだろう。

【「相場の森」を見る】

「株価は、経営 (者) の総体評価」とはいえ、低迷する株価に「それでも、有効な株価対策はないか」と、考える企業関係者もいるに違いない。「今後、日本企業も国内・外の企業から敵対的 M&A にさらされる」と指摘する声も多い。これを防御する最善の策は、高株価で企業価値を高めることである。

昨今、上場企業では広報以外にインベスター・リレーション（IR）担当のセクションを設け、IRツールの制作や機関投資家、証券部記者、アナリスト（注4）たちの取材に応じているところも多く、記者発表の方法にも株価への影響を考慮した計画性（工夫）が見られるという。

「相場の森（相場の環境）の流れを把握しながら、案件発表のタイミングを図っているフシがある。

相場の環境を把握しながら、案件発表の前にセルサイド・アナリストに話し、株価を一段上げしておいて正式に記者クラブ（注5）などで発表、二段上げを目論んでいると思われる企業も多い」（経済部記者）

ここでは、具体的な"インサイダー取引"や"株価操縦"（注6）の実例を紹介できないが、一例のみ紹介する。以下はある企業のIR担当者が、筆者に自慢げに話した内容である。

「今年、私は当社の株価を2倍にした。当社ではバイオ・ビジネスが本格化するにあたり、大手バイオ事業会社との提携交渉に入る構想があり、これを親しいアナリストに話した。この人は、情報受領者としてインサイダーに当り、一切、当社株を扱わなかったが、噂が市場に流れ株価200円が300円に上昇。また後日、同様の内容を親しい新聞記者に伝えたところ、ベタ記事で扱われた。バイオ関連は相場の流れに沿ったこともあり、これで300円株が400円につけた。当然、私も会社関係者として、この件で証券取引を行っていない」

【記者と市場の不信感を払拭し、リスクを回避】

少々、古くなるがみずほ銀行（旧富士銀行）のケースに触れておこう。「バブル経済がはじけた当時、全国銀行協会では各社の経済担当の論説委員（注7）を対象にした懇談の席で、銀行の不良債権への公的資金投入の必要性を訴えていた。社説にも、そうした論調が一部の新聞には書かれていた」（経済誌記者）

通信社記者（注8）も次のように語る。「公的資金を導入するにしても、各行の不良債権額が一体どの程度の額かが、論点のポイントであった。みずほ銀行（旧富士銀行）の場合、1998年9月9日に"金融派生商品（デ

リバティブ）の損失が２兆円"との風説が市場で流布していた。同日の否定会見でも株価が低迷。株価回復を狙い同年10月１日、都市銀行で初めて自己査定による数字を公表し、その金額が２兆3244億円と明らかにした。ところが市場では、"そんな額ではないだろう。４〜５兆円はあるはず"との風評が固定していて、株価の下げ止まりを防ぐことができなかった。

当時、我々および市場は、みずほ銀行（旧富士銀行）の情報開示に不信感を持っていた。そこで、次にみずほ銀行（旧富士銀行）の打った手は米国の監査法人に不良債権額を調査させ、公表したこと。その内容が、先の自己査定による不良（灰色）債権額と大差ない数字であった。

銀行や国内の監査法人への不信感が充満していたときだけに、①外国の監査法人を起用したこと、②情報公開が適切（財務内容を開示し不透明感を払拭）であったことから、記者の疑問点を解消し市場でも信用され、株価が回復基調になった」。

これは、何が不信感を招いているかを図り、上手にリスクを回避した好例だ。

みずほ銀行（旧富士銀行）の場合では、"風説"が株価を下落・低迷させることも有り得ることを示唆した。今後、広報（もしくはIR室）は、市場の評価を予測しながら発表を計画する時代、言い替えると、社会の価値観、相場の流れ、自社株の市場評価などを考慮し、タイミングを図りながら戦略的に活動する時代に入ったということに他ならない。

【１ 紙リークは、経営リスクを発生させる】

重要案件の開示を、株価を意識して二段階で発表する東証第一部企業が多い。まず、おおよその構想を１社にリークし、構想が決定した段階で正式発表する方法である。

「①経済専門紙（注9）に概要をリークし、正式に内容が固まった段階で正式発表するといった２段階方式をとる企業もある。しかし、この場合、注意しておく必要がある。経済専門紙にリークした場合、一般紙メディアの反応は"また、経済専門紙か！"と、渋々認めるものの、ある金融

機関のようにトップ自ら常に『経済専門紙だけに話せ』と、広報に指示を出す企業（こうしたことはメディアに伝わってくる）は正式発表でも無視するか小さく扱う。
②発表案件ごとに各社持ち回りでリーク、正式発表のときは、記事にならなくてもいいという覚悟でリークすること。
③だから、1社にリークする場合、正式発表のときに他社用に見出しが立つ（記事にすることができる）内容の重要な案件を残しておくこと。
④機関投資家向けなら、ブルームバーグのようなワイヤー（通信社）にリークする手もある。この場合、正式発表のときでも紙媒体の記者は書かざるを得ない。

いずれの場合にせよ、リークした場合のリスクは存在する。リークし自社株が乱降下、取引停止した場合、兜倶楽部の幹事要請、または東京証券取引所からの会見要請を覚悟しておく必要はある」（通信社記者）

上記のコメントは、広報セクションとIR室の連携した活動が重要なテーマということなのだが、両者の向かう目的が必ずしも一致するとは限らない。

IR（株価政策）上、1社リークに力点を置くと、他社の記者は必ず覚えていて"敵"に回すことになりかねない。広報セクションには記者からマイナス点がつけられ、意趣返しを覚悟しておく必要がある。事実、ある会社は、ことあるごとに経済専門紙にリークし、時たま他紙にリークするやり方を採用しているが、他紙の記者から「常々、経済専門紙にリークしておきながら、今度はうちですか」と嫌味をいわれ、険悪な関係になりつつあるという。また、「そういった場合、後日、意図的に株価を下げるような、辛口の記事を書く場合もある」（通信社記者）としている。そのような企業が不祥事を起こしたとき、このときとばかり、書き立てられ自らリスクを発生させていると、覚悟しておく必要がある。先に触れたような"裏技"を使った発表方法はバブル崩壊後に意図して行った企業もあったが、現在では会社説明会などのIR活動で地道に企業理解に励む企業が多数を占める。

記者の判断（広報）と市場の判断（IR）は、一致するとは限らないもの

のようである。

　広報と社外コミュニケーションという立場では同じ土俵にいる IR 室が、不祥事対応では広報と歯車がかみ合わないこともあり得る。IR 室では常に自社の株価を意識して活動するため、どうしても株価を下げる「悪い情報を隠す傾向になりがち」と、ある広報担当者も困惑顔で指摘する。

　ちなみに上場企業の不祥事は、株価にも影響するので、社会部記者も「会社四季報」（東洋経済新報社発行）や「会社情報」（日本経済新聞社発行）を必携している。

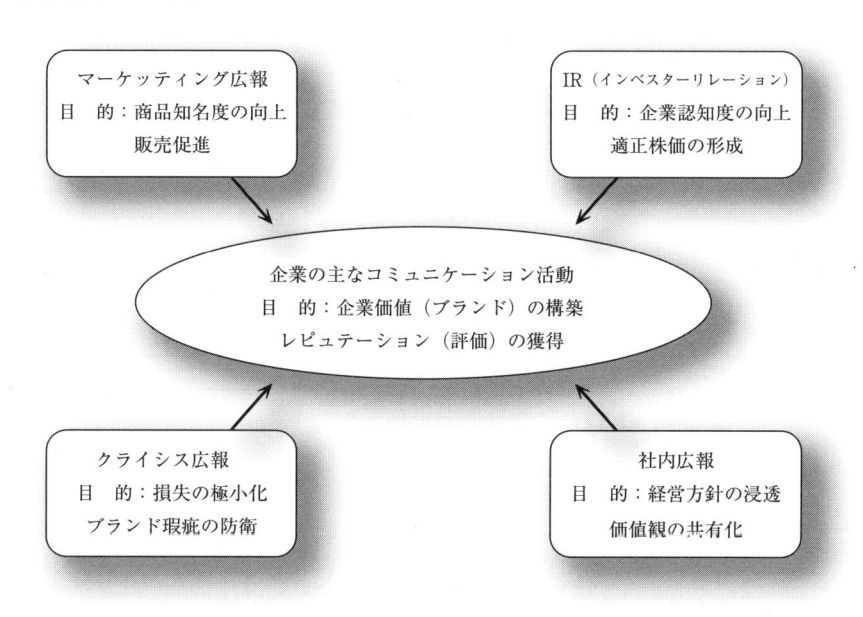

```
┌─────────────────────┐                    ┌─────────────────────────┐
│ マーケッティング広報 │                    │ IR（インベスターリレーション）│
│ 目　的：商品知名度の向上│                │ 目　的：企業認知度の向上│
│ 　　　　販売促進     │                    │ 　　　　適正株価の形成 │
└─────────┬───────────┘                    └───────────┬─────────────┘
          ↓                                            ↓
              ╭─────────────────────────────────────╮
              │  企業の主なコミュニケーション活動      │
              │  目　的：企業価値（ブランド）の構築    │
              │  　　　　レピュテーション（評価）の獲得│
              ╰─────────────────────────────────────╯
          ↑                                            ↑
┌─────────┴───────────┐                    ┌───────────┴─────────────┐
│ クライシス広報       │                    │ 社内広報               │
│ 目　的：損失の極小化 │                    │ 目　的：経営方針の浸透 │
│ 　　　　ブランド瑕疵の防衛│                │ 　　　　価値観の共有化 │
└─────────────────────┘                    └─────────────────────────┘
```

第1章 企業不祥事と広報
3. クライシス・コミュニケーション

【生活者視線で…】

　四つのコミュニケーションのうち、コンシューマ、社内、インベスターに対しては企業経営の視点からコミュニケートできる。しかし、リスクがクラッシュしたときのクライシス・コミュニケーションだけは、他のコミュニケーションと性格を異にしている。

　企業不祥事は、経営リスクを発生させる。経営リスクが破断した段階で対応が迫られるクライシス・コミュニケーションでは、生活者視点が要求される。多くの企業がクライシス・コミュニケーションで失敗するのは、この視点に立たないで他の3つのコミュニケーションと同じように、企業経営の視点で対応しようとするからである。不祥事の際に生活者の視点になるとは、「会社が起こした不祥事で、あなたの子供や妻、父母がどう思うか」と反問することとご理解いただきたい。不祥事のときには、まず「企業の常識は、ローカルルール」と考え、企業論理や業界論理など経営視点での発想は通用しないものなのである。社会部記者は、企業や業界内の常識化されている"非常識"を、生活者の"常識（目線）"で問い質そうとする。

　企業は消費者に対し「強者」の立場に立つ。企業は、広告などで好イメージをブランディング(注10)し、商品訴求を一方向で行ってきている。そして、競争力を強化し購買を促進する。消費者は商品をあれこれ精査せず、ブランドを信用して購買するものなのである。

　情報に受身の立場になる消費者は「弱者」と規定することができる。社会部記者は「弱者」である消費者の視線から「強者」を監視する。だからこそ不祥事の際は、広報が生活感覚をもってコミットし、生活者を敵に回さないように対応できるかどうかが課題になってくるのである。

　食品の虚偽表示や官製談合のような企業不祥事は、往々にして市民への裏切り行為である。当然、市民は企業に説明を求める。その責任に応えないとき、市民は逆襲し始めるのである。商品を買い控え、投資家は保有株

式を売却し、その意思を示すようになる。こうして企業は生活者、消費者から社会罰の洗礼を受けるようになる。

イメージで成り立っている企業、大量の広告費を投下し、大量販売を経営の柱にしている企業は、ひとつの不祥事で企業ブランドは地に落ちやすい。年間数十億円の広告費を投入し、企業イメージをブランディングしてきた企業ほど、その打撃は大きい。「広告は化粧。広告（化粧）で培った企業イメージ（ブランド）は、不祥事ひとつで企業実態とのギャップをさらし、企業イメージは吹っ飛ぶ」と、記者はいう。不祥事報道により、広告で営々と作り上げた企業イメージ（ブランド）は、砂上の楼閣のように崩壊してしまう。

生活者や消費者の意思を代行しているのが、マスコミ、マスメディアの社会部記者なのである。

不祥事が発覚したとき企業にとって、戦闘意欲が旺盛な社会部という"敵"が経営トップの"首"を取ろうと攻め込んでくる。広報は、これらの"敵"を相手に、対峙しなければならない。少なくとも短時間で退散させねばならない。広報は企業防衛から取材拒否し、社員にはかん口令を強いて、孤城を必死に守ろうとする。

しかし、この"敵"は難敵である。ゲリラ戦を得意とする。各社一斉に攻め込んでくるかと思えば、各社が個別にゲリラ戦も展開する。新しい事実を見つけ出し、思わぬところから二の矢、三の矢を射込みながら、包囲網を構築し始める。"敵"が企業防衛線を突破し"本丸"に迫ろうとした段階で、やっと白旗を掲げる企業も多い。

経済部記事は平時のニュースだが、社会部の書く記事は、戦時のニュースなのである。社会部という戦闘集団に、小田原評定の対応をしていてはクライシス局面で遅れを取ること必定なのである。

クライシスは戦時のミュニケーションであるであることから、リーダーの迅速なトップダウンでの決断が求められている。

【まず、社会から罰せられる】

企業が不祥事を起こすと、コーポレート・ブランドの崩壊リスクにさ

らされる。まず、
　①消費者の買い控えや流通など取引先からの取引停止、
　②マーケットの反応（株価の下落）、
　③行政からの指導（入札停止、商品回収命令など）や司直の手が入り、
　④業績（利益の低下）に連鎖し、
　⑤リクルート面での人気低下、
に繋がってゆく。

　重大な企業不祥事は、刑事罰、行政罰、民事罰などの制裁が下される前に、まず、社会から罰せられる。迅速な対応に遅れをとる結果、取引先は取引継続を見直し、投資家は保有株売却の検討を始めてしまう。社会からの罰は、他の罰より反応がすばやく表れるのを特徴とするものだ。

　下の図表は、雪印乳業の連結決算の推移である。食中毒事件と牛肉偽装事件のダブルパンチで、業績が急激に悪化し、事件後の平成15(03)年3月期決算を事件前の平成12（2000）年3月期と比べると、売上高は約44％も減収した。企業不祥事が、いかに企業価値を引下げるかが分ろうというものだ。

　こうした事態での広報の役割は、社内外にアンテナを張り「不祥事の情報価値」を判断し、この「社会からの罰」をいち早く終息させるかであり、

雪印乳業の連結決算

単位：百万円

	00年3月期	01年3月期	02年3月期	03年3月期	04年3月期
売上高	1,287,768	1,140,763	1,164,715	727,070	318,122
当期純利益	-28,544	-52,925	-71,741	-27,090	1,424
株主資本	118,608	64,506	30,371	34,396	36,830
従業員数	15,127	15,325	12,404	4,591	3,827

01年3月期：食中毒事件、02年3月期：牛肉偽装事件　　出所：雪印乳業HP(IR情報)

これが増幅されないよう、マスコミからの批判を一過性で終わらせ、経営リスクを縮減する対応が必要になる。そうしたことから、広報はトップへの社外情報のアドバイザーであり、直言できるコーチングスタッフ役として経営の重要な一翼を担う。

評論家の飯塚昭雄氏は「公聴機能のない広報は無用」として、「広報は自分たちの会社を社会に対して説明する『口』であるが、同時に内外からの意見や批判を聞く『耳』である。公聴機能のない広報は、本来の意味での広報ではない」（『新・リーダーの研究＝変革の時代にどう勝ち残るか』株式会社ウェッジ刊、01年3月17日、263頁）と断定している。

トップにしても、不愉快な情報が上がってきても、

①「嫌な顔」を見せないこと、

②「誰が言ったか」など聞かないこと、

が肝要である。トップのそうした言動は、ネガティブ情報を隠す近因になるし、社内から率直な意見を具申する雰囲気は育たない。

【判断ミスと情報経路】

不祥事情報が現場から管理部門に伝わってもうまく機能しない理由には、いくつかの要因がある。

①部門間の問題

組織上、広報が総務に組み込まれている場合や、総務が広報を兼務していると、不祥事を隠す傾向がある。

総務部広報では不祥事の対応が、総務の意見に落ち着きやすい。総務は内部向きの管理部門のため、外部感覚を取り込み難い部署である。かつて、不祥事を起こし昼夜、社会部記者の対応に忙殺された上場企業の広報部長は「広報は上半身、総務は下半身」と喝破してみせた。不祥事対応で総務、広報、法務が参加する社内会議でも「総務はネガティブな情報（下半身）を隠す傾向が顕著だった」と語る。「言える部分は、話してしまおう」とする広報に向って「記者にそこまでサービスするのか！」と言い出しかねない部門である。法務にしても「社員が起こした不祥事だから、会社としては被害者にあたる」という発

想をしがちになる。

これらの姿勢で対応すれば、社会部記者から「隠蔽」や「責任転嫁」として追及されることになる。

クライシス局面では同じ管理部門内でも総務、法務、広報では性格の違いが出てしまう。

企業の管理部門では、内部統制は総務や法務の内務官僚が仕切る。外部に情報を受発信する広報は、内務官僚でありながら、外務官僚の立場からも発想せざるを得ない。複眼の視点で、常に「消費者やマスコミは、どういう目線で企業の不祥事対応を注視するか」を、長期的な会社利益の観点から推測する。

②情報経路

広報の厳しい判断を、上級役員が甘い判断を下してトップに報告し、トップもそれを追認したケースがそれに当たる。

ネガティブ情報は、トップに要点がいち早く伝達されなければ対応ミスに直結する。マスコミは、企業の対応の遅れを待ってはくれず、トップは情報を未消化のまま記者会見に出て、雪印乳業食中毒事件のように、報道による二次的損害を招いてしまう。

不祥事の際、トップから「広報は何をしているんだ！」と問われても、広報ではなく、トップへ段階を踏んだ情報経路に問題の所在がある場合が多い。

また、情報が不祥事現場から総務や法務に届き、そこで情報を抱え込んでしまって、広報と情報の共有化が図られてないこともしばしば起こる。

緊急時には広報が総務、法務と情報を共有し、広報がトップとのホットラインを、言い換えると情報伝達の中抜きを許容し、トップダウン方式を取るルールづくりが必要になる。

③オーナー経営者

創業者企業に多くみられるパターンで、広報がトップの間違った判断を訂正できなかったケース。

オーナー経営者には「部下や外部の意見を聞いて判断し失敗するより、

自分の考えで実行し、失敗した方が納得できる人」のようにワンマンに陥りやすい人も多い。

このような独善性を抱く経営者の前で、トップが嫌な顔をしても、広報が進退をかけてまで、幾度も直言できるだろうか。「直言居士は嫌われる」ことを思えば、遠慮がちな報告をなってしまうのが実態ではないだろうか。その結果、風通しの悪い会社となってゆき、コーポレートガバナンスの脆弱性が露呈し経営リスクが上昇するものなのだ。

経済広報センターが、03年3月に広報責任者を対象に実施した「第8回企業広報活動に関する意識実態調査」によると「経営トップにどの程度までマイナス情報が伝わっているか」との問いに対し、「まあ伝わっている」という頼りない回答が43.4％もあり、「十分伝わっている」の38.6％を上回っている。さらに「経営トップにマイナス情報が伝わらない理由は？」というと、
（1）できれば悪い情報は上げずに、組織内で解決したいとの意識がある（「自己保身」「マイナス評価につながる恐れがある」「企業風土としてマイナス情報は報告しにくい雰囲気がある」など）
（2）システムとして完全に機能していない（「窓口が一本化されていない」「伝達ルートが長い」など、体制面の問題のほか「伝わるのに時間がかかる」といったスピード面の問題が指摘されている）
（3）コミュニケーション不足（「一般社員と経営トップの距離が問題」「経営トップの聞く姿勢が問題」など）、

といった回答が寄せられている。不祥事の際の組織体制や経営トップの姿勢に、広報の悪戦苦闘が垣間みえて、ため息が漏れて来るようだ。

さらに、同センターが06年3月に発行した「第9回企業広報活動に関する意識実態調査」では「広報部門が社内の危機管理委員会のメンバーになっている」が58.9％、「広報部門スタッフが危機管理に関する勉強会などに参加」は56.2％、「広報部門に危機管理マニュアルがある」では51.7％と、半数以上の企業で、広報部門の体制整備が行われている。これは企業不祥事が頻発していることからすれば、当然の結果だろう。だが、

「トップ・役員へのメディアトレーニングを実施」が20.1％、「トップ・役員が危機管理に関する勉強会などに参加」は19.4％と、前回より増加したとはいえ、いずれも20％前後では、「トップの危機意識の欠如」と判断されても仕方あるまい。

【「迅速に、逃げず、隠さず、ウソつかず（または小出しせず）」】

企業不祥事の際の危機管理3ヵ条は、
①広報がサポート役でトップに直結し、トップ自らが決断する、
②社内調査で確認した情報を分かっている範囲で、オープンに情報を公表する、
③迅速に対応する、
に集約される。

これに加え、社会部記者は、「トップが決めた発表文書をそのまま公開するのでなく、広報がトップに助言して、"こうすべきではないか"と提起してもらいたい」と、広報への希望を述べる。言い換えると、「クライシス・コミュニケーションでは、トップは、どうしても経営者視点になりがちで、企業の不祥事対応を注意深くみている生活者、消費者の立場から判断できないことが多い。そのまま発表すれば批判記事になり、二次的損害発生の可能性がある。そのため、広報が生活者の目線になって情報参謀の役割で、トップの考えや発表文書を修正すべきアドバイザーたれ」ということである。

不祥事が突発し、深夜にも関わらず早急に対応を迫られ、最終的に「迅速に、逃げず、隠さず、ウソつかず（または小出しせず）」のコンセプトで広報対応し、経営リスクを回避した会社がある。毎日新聞社である。

第1章　企業不祥事と広報

4. こうして会社を救った

　リスクが顕在化し、経営責任が問われるクライシス局面での決断は、企業トップの専決事項である。トップの明確な判断と指示が、会社を窮地から救うことになるのである。
　「海外事案」は、社会部が一斉に取材を始める案件のひとつ。写真部記者によるヨルダン国際空港職員の爆発死傷事件は、それこそ毎日新聞社を"吹っ飛ばす"ほど、破壊力のある事案だった。

【毎日新聞社】
＜事件の概要＞
　2003年5月初旬、毎日新聞写真部記者が、イラクでの戦争取材を終え帰国途中、ヨルダンの国際空港で手荷物検査を受けた際、イラク国内の道路脇で拾った爆弾が爆発した。空港職員一名が死亡、数人が負傷した。爆発したのは記念品として日本に持ち帰ろうとした不発弾だった。
　毎日新聞写真部記者による爆発死傷事故では、東京本社に早朝からメディア各社の問い合わせが相次いだ。東京本社の対応はすばやく、事件発生後、短時間で対応を決めた。数時間以内に記者会見や謝罪コメントの発表など迅速に対応し、クライシス局面を乗り切った。対応に失敗していれば「多数の読者が離れ、当社の屋台骨を揺るがしたであろう」（毎日新聞記者）とされた事件だった。

＜事件の経過＞
03年5月2日
午前0時50分頃（日本時間）　　・ヨルダンのクイーンアリア国際空港出発ターミナルで乗客の手荷物が爆発し、空港職員1名が死亡、3名が負傷した。

午前1時過ぎ	・CNNニュースが、同地での爆発事件を流した。
午前1時半過ぎ	・通信社が「日本人記者拘束」との情報を流す。
午前2時過ぎ	・他の報道機関から毎日新聞社に「爆発事件を起こしたのは、御社の写真部記者ではないか？」と相次いで問合せが入る。
午前4時過ぎ	・ヨルダンの日本大使館から、日本にいる写真部記者の自宅に「現地で拘束された」との連絡が入る。各社、泊りの社会部記者が毎日新聞東京本社に集まり出した。
午前6時	・午前7時に放送予定のNHKニュースに間に合うように、東京本社で広報担当役員らが会見を開く。
午後4時	・この日、二回目の会見を開く。「なぜ、社長が出てこないのか」という質問に「現地の遺族に会うため、急いで準備している」と答えると、記者は了解してくれたそうである。

5月2日（毎日新聞夕刊の談話）
・「アンマンの国際空港における爆発事件について、事実確認に全力をあげていますが、当社の写真部記者の軽率な行動が原因とみられます。毎日新聞社として亡くなられた方に哀悼の意を表し、負傷された方にお見舞い申し上げるとともに、心からお詫びいたします」

5月3日（毎日新聞朝刊の謝罪文）
・「アンマン空港爆発事件　深くおわびします」の見出しで「………記者個人の過失とはいえ、毎日新聞社としての責任を痛感しており、事

件解明の進展を待って、管理、指導する立場の者も含めた責任の所在を明確にします」と掲載。

5月19日
- アンマンの検察当局は、写真部記者を爆発法違反（所持）などの3つの罪で起訴した。
- 毎日新聞社では写真部記者の起訴を受けて東京本社で午後8時から会見し、社内処分を発表。社長は役員報酬を当分の間、全額返上。このほか、常務取締役主筆が役員報酬減額50％（1ヵ月）、東京本社編集局長と写真部長については役職停止1ヵ月とした。写真部記者については東京編集局付とし「社内規則等にのっとり、厳正な処分を行う」と発表。

6月1日
- 毎日新聞の元写真部記者に禁固1年6ヵ月の実刑判決が言い渡された。
- 傍聴席に日本のメディアを中心に約60名が詰めかけた。
- 毎日新聞社では判決を受けコメントを発表。コメント内容は「判決を厳粛に受け止めるとともに、改めて、亡くなられた方に哀悼の意をささげ、負傷者をはじめご迷惑をかけた方々、諸機関に深くおわび申し上げます。元写真部記者には、その『法的責任』に加え『記者として、職業人としての倫理上の責任』があると考えます。すでに起訴時にも表明しましたように、死傷者をも出してしまった結果の重大性にかんがみ、社内規則にのっとって厳正な処分をいたす所存です」とした。

6月17日
- 元写真部記者が特赦を受けて釈放され、日本の取材陣20名が押し寄せた。

6月21日
- 毎日新聞社は帰国した元写真部記者を懲戒解雇し「再発防止のため全社挙げて努力を重ねる」とコメントを発表。

【広報の観点】
①分かっている情報は、全て最初の会見から速やかに公表した。迅速に

対応しないと、記者は待ってくれず、原因が判明する前に取材を始めてしまう（迅速に、逃げず、ウソつかず）。
②情報の公表を欠くと矛盾が生じる場合が多いことから、定期的に記者会見を行い、情報を出し続けた（隠さず、小出しせず）。
③取材でなく対応のためアンマンに記者10名を派遣し、情報収集に当った（迅速に、逃げず、隠さず）。

ネガティブな情報を小出しに公表すると事件、事故の概要を説明する記事が、改めて書かれてしまう。悪い情報を一度に出せば、そのときは扱いが大きくても一過性で終息する可能性が高い。

第1章　企業不祥事と広報

5. ホットラインを作れ

【広報の財産は…】

　広報業務には、広聴機能を高めることも含まれる。具体的には、記者とのヒューマンリレーションを築き、その意見を社内にフィードバックするツーウエイコミュニケーションを構築する機能である。

　企業不祥事の際、判断ミスをできるだけ少なくするには、社外のアンテナ役を担う広報が、業務で培った記者ルートを持っているかどうかにもかかっている。

　多くの企業広報が、社会部記者と交流を避ける。また、経済部記者とは違い、日頃の接触頻度が限られており、事件や不祥事のときにだけ顔を合わす一見の人達である。記者クラブに申し込んで実現する企業主催の記者懇親会でも、社会部記者を排除し、ほとんどの企業が経済部記者だけの出席を望む。

　しかし、企業の不祥事が発覚しダメージが避けられないとき、広報がアドバイスを求める相手は誰であるのかを考えてみてほしい。「緊急のお詫び会見を催す必要があるだろうか？」「その会見にトップを出す必要があるだろうか。また、どの段階でトップを会見に出すべきか？」など、相談できるのは社会部記者やそのOBなのである。社会部記者が気楽につきあってくれるとは思えないが、「つき合いたくない」という気持ちは、市民（生活者、消費者）と距離を置きたい心理の現れでもある。

　社会部記者が他の記者倶楽部や編集委員に異動しても、コーチングスタッフとして助言してくれる人間関係、言い換えるとホットラインを築いておくことが、会社の人的資産になる。

【二次的損害を断て！】

　社会部記者を、"敵"ではなく市民（生活者、消費者）に直結する"窓"と思って対応した方が適切である。ある会社で、社員が業務上で不祥事を

起こした際、広報が「私どもも被害者だ」と電話取材の社会部記者に叫んだことがある。確かに不祥事を発生させた社員が、会社にイメージダウンと実害を与えたのは事実だが、生活者や社会部記者は誰も同情などしてくれず、逆にそのような感覚に不信を募らせる。「私達生活者に被害を与えたのは、あなたの会社でしょう」と思われ、責任転嫁と取られてしまう。真の被害者である生活者の怒りが抜け落ちていて、加害者なのに被害者ズラを見せては、反感を買うだけである。

　こういった会社は御用心である。いざクライシスに陥ったとき、消費者の買い控えなどに加え、社会部記者を敵に回し、報道による二次的損害を招きかねない。平成14(02)年8月に発覚した日本ハム食肉偽装事件では、会見場所を社会部記者が所属しない兜倶楽部で会見するなど、姑息な行動をとったと判断され、社会部記者から評判を落としたことは記憶に新しい。記者にすれば、会社側の誠意の無い対応が負の感情となって、記事の行間に表れるものである。

　報道による二次的損害とは、謝罪会見での不用意発言など、マスコミ対応をミスリードし会社批判の記事が増幅することだが、こうした反応を示す企業の多くは官僚的体質を残しているか、広報と広告宣伝を兼務する社員で運営されている事業体に多い。

　一般的に新聞記者は、広告宣伝を兼務している広報を嫌う傾向にある。広告宣伝部門は、企業や自社商品を訴求する際、"化粧"を施して表現するセクションとみているからだ。

　また、記者は「広報を見れば、その会社が分かる」という。「マスコミを避けようとする経営幹部をみるにつけ、我々は広報にとって社会の窓口なのに、社会からの受信（公聴）機能が不在、言い換えれば生活者の視点が無い会社」と判定される。企業は社会の一員であり、生活者との共生（きずな）意識があるのかどうかを問われているのである。

　B2B企業の事業形態は、最終消費者を顧客対象にしていないため、外部感覚はどうしても希薄になりがちだ。だが、製造している工場は周辺住民の近くに立地していたり、商品の輸送も公道を利用していることなどを考えてみてほしい。重大な火災や交通事故では、これら近隣住民に被害が及

ぶ。生活者の視点が不可欠なのはB2C企業と同じだ。

クライシス・コミュニケーションとは、このマスコミによる二次的な報道リスクを防ぎ、企業の損害を最小限に抑えることにある。言い換えると、損害を一過性で終わらせ、ネガティブ報道の「連鎖」を断つことが、広報の主要課題になる。

《用語メモ》

(注1)

アカウンタビリティ

説明責任のこと。レスポンシビリティが社員、株主など内部の人たちへの説明責任であるのに対し、アカウンタビリティは、消費者や市民など外部の人たちへの説明責任を指すことが多い。アカウンタビリティは、1970年代のロッキード社などの不正支出批判から「会計上の説明責任」とされてきたが、企業は社会との「共生関係」で成立しているという考え方から、環境問題など、より広く社会的側面でも説明責任が求められる、とするもの。

(注2)

警鐘報道

ジャーナリズムの重要な役割のひとつで、社会に注意を喚起するために報道する。警鐘を鳴らすのだから、企業にとって「悪い情報」が、記者には記事に値する「おいしくていい情報」になる。

(注3)

兜倶楽部

兜倶楽部の加盟社は30社（06年2月現在）で日本経済新聞社が最大の記者を配している。日経に次いで時事通信、共同通信が多くの記者を配置。記者クラブのなかで有数の大所帯倶楽部である。

兜倶楽部に配属された記者の役割は大きく分けて3つある。ひとつは東証1、2部およびジャスダックなどの上場企業、さらに債権などマーケット情報を伝えること。二つ目は上場企業の決算を報道すること。三つ目が取引所や証券業界全般の動きを記事にすることである。

また、兜倶楽部に限ったことではないが、最近の記者クラブはクラブ未加盟媒体であっても、幹事社に連絡し了解を得れば、記者会見にオブザーバー参加が可能だ。

「兜倶楽部は、企業に間口の広いクラブ。経済事犯などの企業不祥事のときも、兜倶楽部が取材テリトリーとする証券会社ばかりでなく、他の企業の会見も受け入れている。例えば、丸大ハム、小田急電鉄などだ。各社、社会部に連絡し社会部記者が出張ってくる」（兜倶楽部記者）

兜倶楽部以外にも、新聞、放送が登録する官庁系や民間系の記者クラブが組織されているが、雑誌媒体でも約90社が加盟する「(社)日本雑誌協会」が取材の便宜を図るため記者倶楽部を組織している。「国会雑誌記者クラブ」「宮内庁雑誌記者クラブ」「雑誌スポーツ記者クラブ」「司法・警察雑誌記者クラブ」「国際空港雑誌記者クラブ」「雑誌芸能記者クラブ」を設けている。

(注4)
アナリスト
経済、証券、金融などを分析する専門家。セルサイド・アナリストは証券会社などに所属し、機関投資家などに有価証券の売買を業務にするアナリスト。機関投資家である生命保険会社などに属して、自ら有価証券の売買を業務にするのをバイサイド・アナリスト。

(注5)
記者クラブの歴史
1890年（明治23年）：第一回帝国議会が開催された際、時事新報の記者らが「議会出入記者団」を結成。これに全国の新聞社が加わり「共同新聞記者倶楽部」が生れた。

1949年（昭和24年）：日本新聞協会は、記者倶楽部の有り様についておおまかに4つの見解を示してきた。

最初は1949年見解である。この年の10月に記者倶楽部を「記者の有志が相集まり、親睦社交を目的として組織するものとし、取材上の問題には一切関与せぬ」ものと規定した。また、記者室については「各公共機関は記者室を作り電話、机、椅子など記事執筆、送稿などに必要な施設を設け全新聞社に無償かつ自由に利用させること」と規定した。

1978年（昭和53年）：記者倶楽部の目的を「日常の取材活動を通じて、相互の啓発と親睦をはかること」とした。「日常の取材活動を通じて」とあるように、記者倶楽部が取材と関連する組織であることを示した。

1997年（平成09年）：記者倶楽部を「可能な限り『開かれた存在』であるべき」で「日本新聞協会加盟社およびこれに準ずる報道機関から派遣された記者によって構成される。在日外国報道協会加盟社など外国報道機関も同様に扱う」としたうえで、一部の報道機関に限らず、オブザーバー加盟などの弾力的な運用を認めるとした。また、記者倶楽部を機能的な取材・報道活動を可能にする「取材拠点」と位置付けた。

2002年（平成14年）：最も新しい見解が02年1月に採択された。このときの見解では、記者倶楽部を主に次のように規定している。

(1) 記者倶楽部の性格は、「取材・報道のための自主的な組織」と規定した。
(2) 記者倶楽部の役割は「①公的情報の迅速・的確な報道、②公権力の監視と情報公開の促進、③誘拐報道協定など人命・人権にかかわる取材、④報道上の調整、⑤市民からの情報提供の共同の窓口」である。
(3) 記者倶楽部の構成は、「日本新聞協会加盟社とこれに準ずる報道機関から派遣された記者などで構成される」とした。
(4) 公的機関が主催する会見は、「報道に携わるすべてに開かれたものであるべき」とした。
(5) 記者室の使用については、「取材・報道のための自主的な組織である記者倶楽部とスペースとしての記者室は、別個のもの。したがって、記者室を記者倶楽部加盟社のみが使う理由はなく、適正な利用を図っていく必要がある」とした。

以下、02年1月の「記者クラブに関する日本新聞協会編集委員会の見解」を参考までに記しておく。

（参考）

記者クラブに関する日本新聞協会編集委員会の見解

2002年（平成14年）1月17日
第610回編集委員会

日本新聞協会編集委員会は、「記者クラブ」についての新たな見解をまとめました。インターネットの普及によるメディアの多様化や情報公開法の施行などで、報道を取り巻く環境は大きく変化しています。一方、記者クラブや記者会見のあり方については、様々な意見や批判もあります。新見解をまとめるに当たり、そうした声にも謙虚に耳を傾けました。私たちは、記者クラブの目的や役割について広く理解を得るとともに、この見解に沿って、より信頼される記者クラブを実現したいと考えています。

取材・報道のための組織

記者クラブは、公的機関などを継続的に取材するジャーナリストたちによって構成される「取材・報道のための自主的な組織」です。

日本の報道界は、情報開示に消極的な公的機関に対して、記者クラブという形で結集して公開を迫ってきた歴史があります。記者クラブは、言論・報道の自由を求め日本の報道界が一世紀以上かけて培ってきた組織・制度なのです。国民の「知る権利」と密接にかかわる記者クラブの目的は、現代においても変わりはありません。

ネット時代を迎え、種々の情報発信が可能になっています。公的機関の中には、ホームページで情報を直接発信しているケースもあります。しかし、情報が氾濫（はんらん）し、また情報の選定が公的機関側の一方的判断に委ねられかねない時代であるからこそ、取材に裏付けられた確かな情報がますます求められていると言えます。そうした時代にあって、記者クラブは、公権力の行使を監視するとともに、公的機関に真の情報公開を求めていく重要な役割を担っています。

記者クラブ制度には、公的機関などが保有する情報へのアクセスを容易にするという側面もあります。その結果、迅速・的確な報道が可能になり、さらにそれを手掛かりに、より深い取材や報道を行うことができるのです。

誘拐事件での報道協定など、人命や人権にかかわる取材・報道上の調整機能も、記者クラブの役割の一つです。市民からの情報発信に対しても、記者クラブは開かれています。

より開かれた存在に

記者クラブは、「開かれた存在」であるべきです。日本新聞協会には国内の新聞社・通信社・放送局の多くが加わっています。記者クラブは、こうした日本新聞協会加盟社とこれに準ずる報道機関から派遣された記者などで構成されま

す。外国報道機関に対しても開かれており、現に外国報道機関の記者が加入するクラブは増えつつあります。

　記者クラブが「取材・報道のための自主的な組織」である以上、それを構成する者はまず、報道という公共的な目的を共有していなければなりません。記者クラブの運営に、一定の責任を負うことも求められます。

　そして最も重要なのは、報道倫理の厳守です。日本新聞協会は新聞倫理綱領で、報道の自由とそれに伴う重い責任や、正確で公正な報道、人権の尊重などを掲げています。これらは、基本的な報道倫理です。公的機関側に一致して情報開示を求めるなど取材・報道のための組織としての機能が十分発揮されるためにも、記者クラブは、こうした報道倫理を厳守する者によって構成される必要があります。

　記者クラブが主催して行うものの一つに、記者会見があります。公的機関が主催する会見を一律に否定するものではないが、運営などが公的機関の一方的判断によって左右されてしまう危険性をはらんでいます。その意味で、記者会見を記者クラブが主催するのは重要なことです。記者クラブは国民の知る権利に応えるために、記者会見を取材の場として積極的に活用すべきです。

　記者会見参加者をクラブの構成員に一律に限定するのは適当ではありません。より開かれた会見を、それぞれの記者クラブの実情に合わせて追求していくべきです。公的機関が主催する会見は、当然のことながら、報道に携わる者すべてに開かれたものであるべきです。

記者室はなぜ必要か

　報道機関は、公的機関などへの継続的な取材を通じ、国民の知る権利に応える重要な責任を負っています。一方、公的機関には国民への情報開示義務と説明責任があります。このような関係から、公的機関にかかわる情報を迅速・的確に報道するためのワーキングルームとして公的機関が記者室を設置することは、行政上の責務であると言えます。常時利用可能な記者室があり公的機関に近接して継続取材ができることは、公権力の行使をチェックし、秘匿された情報を発掘していく上でも、大いに意味のあることです。

　ここで注意しなければならないのは、取材・報道のための組織である記者クラブとスペースとしての記者室は、別個のものだということです。したがって、記者室を記者クラブ加盟社のみが使う理由はありません。取材の継続性などによる必要度の違いも勘案しながら、適正な利用を図っていく必要があります。

記者室が公有財産の目的外使用に該当しないことは、裁判所の判決や旧大蔵省通達でも認められています。ただし、利用に付随してかかる諸経費については、報道側が応分の負担をすべきです。

記者は切磋琢磨を

この見解は直接的には公的機関における記者クラブを対象にしたものですが、全国の記者クラブがこれを基本的な指針としながら自主的にクラブ運営を行うことを期待します。

言うまでもなく、取材・報道は自由な競争が基本です。記者クラブに属する記者は、クラブの目的と役割を正しく理解し、より質の高い報道を求めて切磋琢磨（せっさたくま）していかなければなりません。

（注6）

株価操縦

相場操縦のひとつに「見せ玉（ぎょく）」という売買方法がある。例えば、一定の株式を購入した後、大量の買い注文を出し、投資家にいい材料（情報）があるかのように風説を流し人気化させる。そして株価が上昇した段階で買い注文を取り消し、先に購入していた株を高値で売り抜けて、多額の利益を得る方法。

（注7）

論説委員

社説は各紙の総合面（主に3面）に掲載される。社説を担当するのが論説委員で、経験豊かなベテラン記者で構成される。主筆（社論を語れ、紙面に全責任を持つ人）のもとで論説委員長が中心になり運営されている。各論説委員からの原案を、論説委員長が意見を集約して論調の方向性を決める。ある全国紙記者は「"社説で論陣を張れる論説委員の方が、社長より偉い"と豪語する論説記者も多い」と指摘する。

（注8）

通信社

新聞社や放送メディアは、購読者や視聴者にニュースを届ける小売業とすれ

ば、通信社は、新聞や放送メディアにニュースを売る卸売業である。
全国紙は通信社に劣らぬ支社、支局などの取材拠点を持つため通信社からのニュース依存度は低いが、地方紙などの多くは政治、経済、国際ニュースだけでなく文化、家庭生活記事なども通信社に大きく依存している。
日本の代表的な総合通信社には（社）共同通信社と（株）時事通信社の2社があるが、先の大戦中の国策通信社である同盟通信社の業務を引継ぎ、昭和20年にそれぞれ独立した。広告部が独立して、現在の㈱電通になった。独立当初、政治部、社会部を共同が、経済部、海外、出版部門を時事が引き継いだ。昭和30年代、共同と時事の住み分けが非現実的とし、現在では業務に差はなくなっている。
共同通信社は、記者約1,000名で国内支社、総支局46ヵ所、海外40都市に支社、支局を有する。地方紙（県紙）など59社の加盟社のほか、ラジオ、テレビなど契約放送メディア約190社や海外日本語新聞などにニュースを配信している。（2006年4月1日現在）
時事通信社は、国内支社、総支局82ヵ所、海外28都市に支社、支局を有する。約140社の配信先と契約し新聞社、放送メディア向けにニュース配信しているほか、金融、証券、商品相場などのマーケット情報、中央官庁や自治体向けに専門性の高いニュースを配信している。（2006年4月1日現在）

(注9)
新聞の種類
〔記事内容から分類〕
①一般紙：政治、経済、国際、社会、スポーツ、芸能、生活情報など幅広い記事を掲載する。朝日、毎日、読売、日経、産経の各紙がこれに当たる。日経本紙は経済専門紙とも称され、経済記事を主体にするが、文化、生活、運動、社会など広範なニュースを扱うことから一般紙に含む場合も多い。
②産業専門紙：産業界全体を総合的に扱う日経産業新聞や日刊工業新聞など。
③業界紙：特定の業界を細かくカバーする。鉄鋼新聞、電波新聞、化学工業日報、日刊自動車新聞など。
④スポーツ紙：スポーツを中心に社会ニュース、ギャンブル、芸能、娯楽記事を掲載する。スポーツ紙は一般紙の系列下にあり日刊スポーツは朝日新聞、スポーツニッポンが毎日新聞、スポーツ報知は読売新聞、デイリース

ポーツは神戸新聞の系列。また、サンケイスポーツは産経新聞、中日スポーツは中日新聞が発行元だ。

〔発行地域から分類〕
①全国紙：全国規模で発行されている。全国紙の発行形態は、朝夕刊のセットで販売される都市部中心のセット版。それに朝夕刊を統合して編集した統合版（朝刊のみ発行）の形を取っている。遠隔地で販売される。
②ブロック紙：北海道新聞、中日新聞、西日本新聞のこと。3紙が連合（3紙連合）して特派員を派遣することもある。このほか、河北新報、東京新聞、京都新聞、中国新聞もブロック紙として数えられる。
③地方紙：一定地域で発行される。地方紙はさらに県紙、地域紙（郷土紙）に分類される。

〔発行期間から分類〕
日刊紙、週刊紙、旬刊紙などがある。

（注10）
ブランディング
企業競争力の強化には、知名度や商品の品質以外にブランドという無形資産が優劣を決めるとされる。ブランドは本来、事業で蓄積された信用の総和、それが「評価」（レピュテーション）として定着する。ブランディングは、広告などにより意図して構築し「評価」を獲得する場合も多い。そのための方法として、創業経営者の経営哲学を神話化しブランド力の強化を図ったり、消費者が共通して持つ"権威"に関連づけてストーリー化する手法が取られる。

第 2 章
経営リスクとネガティブ情報

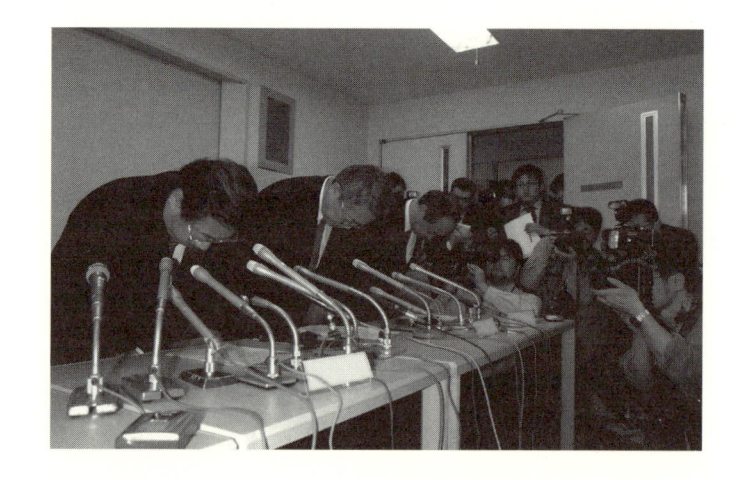

第 2 章 経営リスクとネガティブ情報

第2章 経営リスクとネガティブ情報
1. リスク顕在化の予防策

【不祥事情報の価値判断】

　情報価値にはランクがある。不祥事情報でも交通事故は地味なニュースネタだが、社会部記者は単純な過失による事故なのか、それとも事件性を帯びているのか原因を探る。例えば原因が酒気帯びなのか、過積載か、過労か、それとも車の構造的欠陥によるものかどうかで情報価値は上がっていく。

① 有名性（知名度の高さ）
② 安全性（人命・健康への影響）
③ 広域性（被害者、地域の広がり）
④ 悪質性（ウソ、隠蔽、捜査妨害、過去に同種の不祥事を起したかなど）

　など、条件が複合すれば記事の扱いも大きく、一面や総合面に掲載されるほか、一回の記事で打ち止めにならず継続的な記事になりやすい。

　交通事故は、単純な事故なら運転手名を記載しただけで済むが、原因が過積載による事故だと運転手を雇用している会社名が載り、企業のイメージダウンは免れない。それに加え、著名企業が起こした過積載事故なら、一層、大きく紙面を飾ることになる。

　潜在的リスクが発展し、経営にダメージの与えるクライシスの状態に入れば、初期対応に努め一過性の報道で収束させるのか、それとも、事態を悪化させ継続的な記事になり、経営リスクをヒートアップさせてゆくのか。企業活動での経営リスクの低減化は、成行きに任せていては達成できない。業績に影響を及ぼす不祥事や企業姿勢が問われる不祥事は、経営責任が追及されることから、多くは「回避」「分散」「予防」などリスクをコントロールする管理対策が取られる。

【コーチングスタッフ】

　社内から率直な意見が届きにくいとされる米国企業では、経営者個人が

社外顧問的な役割のコーチを採用しているケースが多い、といわれている。経営トップもコーチの意見で自分の考えを客観的に把握し、判断ミスを少なくできるメリットがある。

「成功の陰に名コーチあり。アメリカでは約半数の経営者に、個人的な『コーチ』がついている。その役割は、さまざまなスキルを伸ばし、経営の足かせになっている行動や姿勢を変えさせることだ。

『コーチング』は今や、アメリカではビッグビジネス。アメリカン・エクスプレス、eベイ、チャールズ・シュワブなど多くの大手企業が採用している。製薬会社のファイザーは経営陣のコーチに、本社だけで年間約100万ドルの予算を割いている。

『ビジネスのアドバイスをしたり心理療法を行うのが、コーチの仕事ではない』と、ファイザーのハンク・マキネルCEO（最高経営責任者）は言う。マキネルのコーチの主な仕事は、経営方針に対するフィードバックだ。マキネルの手腕について、34名の上級管理職から匿名で意見を集めてもらう。

『CEOになると、なかなか率直な意見が聞けない』と、マキネルは言う。

『（コーチのおかげで）自分のやり方のどこがよくてどこが悪いか、客観的に把握することができる』

マキネルは、コーチの講評をあえて社内ネットワークで公表。積極的に意見を生かす姿勢を社員に示している。

人事コンサルタント会社パディジェントのトリシア・タムキン社長は、1時間350ドルでコーチを雇い、よりバランスの取れた経営について客観的なアドバイスを受けている。『おかげでとてもクリエーティブな戦略が立てられる。コーチなしでは今の私はない』と、タムキンは言う。

一方で、指導の信頼性が問題になるケースも増えている。著書がある、スポーツ界で成功した、はたまた瞑想をやっていたというだけで、企業に自分を売り込むコーチも少なくない。

いくつかのコーチ協会で認定制度を導入する動きもあるが、今のところ公認の資格はない。採用する側が慎重に選ぶ必要がある。

もっとも有能な経営者なら、コーチの助言なしでも、そのくらいはお

わかりだろう」(「ニューズウイーク日本版」03年3月12日号　16頁)

　日本でも某大手飲料メーカーは、長く国税庁記者クラブ(注1)に所属していた元社会部記者を、トップのコーチングスタッフとして採用している。新聞社や通信社をリタイアした記者を、企業の広報に採用するケースは珍しいことではないが、この会社はそれだけにとどまらない。元社会部記者はコーチングスタッフとして、経営幹部と日常的に接触し、社会情勢の解説や、不祥事の際には対応策を直言する情報参謀として多用されている。会社と距離を置いた客観的な社外からの目線が、主観的に陥りやすい企業判断を修正する役割を果たしている。

【リスク予防制度】

　平成17(05)年6月29日に参議院で法案が可決され、平成18(06)年5月に施行された新会社法は、全ての大会社(注2)に、内部統制システムの構築を義務づけた。

　企業は利益を捻出して雇用を確保し、かつ長期的な成長性を示せれば、企業価値は否応なく高まる。一方で、リスク管理体制を確立し、効率的な業務の遂行など信頼性をステークホルダーに示せば、これも企業価値を高める手法である。

　取締役の善管注意義務違反などで会社に損失を与えた場合、株主代表訴訟が提起され、その裁判の過程で問われるのは、内部統制システムが構築されていたか、かつ機能していたかである。

　大和銀行ニューヨーク支店の行員が、昭和59(84)年から行っていた米国財務省債券の簿外取引で、約11億ドルの巨額損失を出した。このとき提起された株主代表訴訟は、平成12(00)年9月に大阪地裁が賠償義務を認める判決を出したが、この裁判の過程で争点になったのが内部統制システムである。

　平成14年(02)5月に発覚したダスキンの肉まんへの無認可添加物混入事件の株主代表訴訟で問われた事案では、内部統制システムと一体の関係にあるリスク管理体制が争点になった。

　ダスキンは、業者からの指摘で、この事実を平成12(00)年11月に把

握したにもかかわらず、国内在庫の約300万個の販売を続けていた。この事実が発覚し、回収費用や販売店への損害賠償など会社に損害を与えたとして、取締役に株主代表訴訟が提起された。平成17（05）年2月9日、大阪地裁は、担当取締役に106億2400万円もの請求金額を支払うよう命じている。

「この訴訟で、会社の法令遵守(コンプライアンス)経営を実現するためには、
①違法行為を行わないための行動規範や、違法行為をみつけた場合の行動規範を示さなければならない、
②行動規範を文書化したマニュアルの作成が不可欠、
③このマニュアルを全ての従業員に配布し、研修会などを通じて理解させる教育が必要、
④法令遵守を遂行するため調査権限などを持つ、専門の部署を設置する、
などのコンプライアンス体制（リスク管理体制）が、取締役により構築されていなければならなかった」（「判例時報」1892号　108頁）かどうかが、問われた。

【コンプライアンス体制】

現在、不祥事を事前に防止し、リスク対応力の充実・強化を図ることを目的に、多数の大企業がコンプライアンス部を設置している。コンプライアンス対策とは、経営リスクのなかでも、主に独禁法違反や製造物責任（PL訴訟）などの法務リスクをカバーする。業務に内在する法令違反項目をリストアップしたうえで、分析・評価を加え案件ごとに対応規定を作成する。そして社員への研修などを通して、不祥事の顕在化を防止するリスク管理体制のひとつである。いわば、コンプライアンス体制とは、自社内でリスクをチェックする水際作戦のこと。これを構築しておかないと、従業員一人が起こした不祥事であっても「組織ぐるみ」と判定されかねない。

金融機関や大手電機メーカーの総会屋への利益供与、三菱自動車のリコール隠し、雪印食品や日本ハムの国産牛肉偽装事件、また食品の不当表示など、昨今の企業不祥事の多くは、内部告発で発覚している。

内部告発で発覚した最近の主な事件

00年6月		三菱自動車のリコール隠し事件
		当時の運輸省に同社社員と思われる匿名の連絡
02年1月		雪印食品のBSE対策を悪用した国産牛肉買取事件
		同社に取引関係のある倉庫会社社長が兵庫県警などに連絡
02年6月		USJの品質保持期限切れの食品使用事件
		元アルバイトが運営会社に連絡
02年8月		日本ハムのBSE対策を悪用した国産牛肉買取事件
		農水省近畿農政局に匿名の連絡
02年9月		東電の原発で発生したひび割れ隠し事件
		当時の通産省に業者の元社員が連絡
04年2月		浅田農産（京都府）の鳥インフルエンザ感染事件
		京都府の保険所などに匿名の連絡
04年2月		北海道旭川中央署の捜査用報賞費不正支出事件
		元署長が記者会見で証言
04年7月		大阪市の三セク・大阪港埠頭ターミナル野菜偽装事件
		近畿農政局などに偽装工作を指摘する告発文書が届く
05年8月		明徳義塾高校野球部が暴力行為などを隠蔽した
		匿名の封書が主催者などに届き事件が発覚
06年5月		松下電器の子会社による偽装請負
		請負会社社員が大阪労働局に告発

　不祥事による株価への影響を、別表1（49頁）の「主な企業不祥事と株価への影響」で示した。これをみると、大部分の企業で株価が下落している。このことからも、株主価値を高めておくためには、不祥事発生を防止するリスク管理体制の構築が不可欠ということになる。

　バブル経済崩壊後の長期不況に伴うリストラは、社員の会社へのロイヤリティを喪失させ、合わせて成果主義で評価する人事考課システムが、社員の連帯感を解体させた。このような風潮下では、内部告発は増えることがあっても減ることはあるまい。

社内で法令に抵触する違反や、社会規範に問題のある案件を発見すると、速やかにコンプライアンス部などに連絡する、内部通報（スピークアップ）制度も整えられている。

内部告発を相談窓口に連絡し、事前に不祥事の芽を摘み取るのが、内部通報制度である。

一般的な内部通報制度の社内規定は、

①内部通報システムを利用して不祥事事案を連絡したが、一定期間が過ぎているのにスピークアップ窓口から改善が伝えられないときは、報道機関や警察、行政に告発しても不利益を受けるような扱いはされない、

②しかし、公益を図ることを目的とした場合でも、内部通報システムを利用せず、会社の内部情報を外部に遺漏した者は制裁を課す、

③ただし、人の健康や安全が危険にさらされる場合は、この限りではない、とする。

ここには、不祥事を内部で解決しようとする、固い意思が込められている。しかし、実態はどうだろうか。

経済同友会では、平成15（03）年7〜10月、会員所属企業877社に「企業の社会的責任」のアンケートを実施した。それによると企業の不祥事を未然に防ぐため、社内に内部通達窓口を設置した会社が、03年に63.4％と半数を超えたものの「内部通達が十分に機能している」と回答したのは27.7％にすぎなかった。

また、平成17（05）年10月から今年1月にかけて、経営者約2700名に調査したところ、「不正行為が社内で発生していないと言えるか」との問いに対し、「ないと確信しているが正直なところ不安はある」と、心もとない回答が63％にものぼった。

また、「内部通報するような従業員は会社の不満分子として、組織から排除する企業意志が働いている」（労働問題専門家）と指摘し、この制度が機能不全に陥る可能性があることを指摘する。

別表1　主な企業不祥事と株価への影響

〔00年〕
雪印乳業　06月29日：604円（428円）　　　加工乳による食中毒事件

〔01年〕
マルハ　　05月09日：149円（149円）　　　冷凍タコ輸入に絡む関税法違反で元部長ら3人逮捕

〔02年〕
雪印乳業　01月23日：175円（114円）　　　子会社（雪印食品）の牛肉偽装事件
戸田建設　02月05日：291円（314円）　　　公共工事発注にからむ汚職事件で東京地検が家宅捜索
日揮　　　04月30日：905円（902円）　　　国後島建設工事の入札妨害事件で社員が逮捕
日本工営　04月30日：245円（229円）　　　国後島建設工事の入札妨害事件で社員が逮捕
三井物産　07月03日：825円（714円）　　　国後島のディーゼル発電設備工事の入札疑惑で部長らを逮捕
日本ハム　08月06日：1,453円（838円）　　BSE対策の農水省の国産牛肉買取り制度に輸入牛肉を申請
日本信販　11月17日：86円（111円）　　　総会屋への利益供与

〔03年〕
凸版印刷　03月26日：773円（781円）　　　総会屋への利益供与

〔04年〕
関西電力　08月09日：2,055円（1,985円）　美浜原発で11名が死傷
UFJ銀行　10月07日：489円（481円）　　　金融庁検査の妨害で東京地検特捜部に告発
三井物産　11月22日：911円（886円）　　　虚偽データを使いDPFを販売

〔05年〕
JFEスチール　02月03日：2,930円（2,980円）　千葉県・市に水質測定データを改ざんし報告
兼松日産農林 02月22日：293円（260円）　　国交省の認定書を偽造し、建築用ビスを販売

〔06年〕
アコム　　08月22日：5,640円（5,180円）　貸金業規制法違反の疑いで立入り検査

〔不祥事発覚当日の終値と（　）内は10日後の終値、祝祭日の場合は、翌日の終値を記した〕

【リスクの分類】
(1) 一般的なリスク分類

1. 経営リスク	2. 事故・災害リスク
（1）経営リスク	（1）自然災害
M&A	地震
経営幹部の責任	台風
事業の撤退	（2）事故
株価の暴落	火災（産業災害）
投資の失敗	交通事故（過積載、過労運転など）
（2）法務リスク	航空機事故
情報流失	労災事故
インサイダー取引	情報ネットワークの遮断
製品リコール	3. 政治、経済、社会リスク
独禁法違反	（1）政治リスク
製造物責任（ＰＬ訴訟）	政変
特許権侵害	戦争
環境汚染（産廃問題）	税制改革
プライバシー侵害	制度改正
著作権侵害	貿易制限
株主代表訴訟	外圧
社員・役員の不正、不祥事	（2）経済リスク
（3）労務リスク	為替・金利の変動
労働争議	マーケットのニーズ変化
セクハラ	（3）社会リスク
差別	消費者問題
雇用問題	企業テロ

(2) 企業を取り巻く主なリスク

次に経済広報センターが調べた企業を取り巻く主なリスクを上げてみる。

〔危機の可能性〕
① 地震・台風・異常気象などの自然災害
② 操業による事故・災害
③ コンピュータ犯罪
④ 欠陥商品・製造物責任（PL）
⑤ 情報通信システムのトラブル
⑥ 為替・金利・株価・地価の大変動
⑦ 内部告発
⑧ 脅迫・犯罪
⑨ 法的・行政的規制の新設・緩和
⑩ 公害・環境汚染

〔企業経営に影響を与える危機〕
① 欠陥商品・製造物責任（PL）
② 地震・台風・異常気象などの自然災害
③ 企業犯罪
④ 為替・金利・株価・地価の大変動
⑤ 操業による事故・災害
⑥ 情報通信システムのトラブル
⑦ 公害・環境汚染
⑧ 反社会的な行為
⑨ 消費者運動・住民運動
⑩ 脅迫・犯罪

（経済広報センター「企業・団体の危機管理と広報」より）

(3) 外部リスクと内部リスク

また、リスクには社外を発生源とする外部リスクと、社内から発生する内部リスクに分けられる。社業にかかわる内部リスクは、業態に関係なく各企業共通するリスクと、個別企業の業態に規定されて発生するものに分類される。（内部リスクが顕在化して、不祥事が発生すれば社業にかかわる不祥事と、個人的な不祥事に分けることができる）

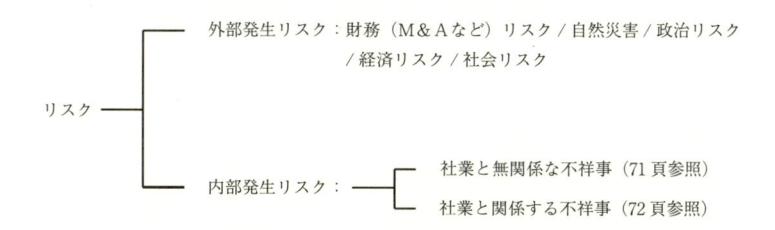

```
         ┌── 外部発生リスク：財務（M&Aなど）リスク／自然災害／政治リスク
         │                  ／経済リスク／社会リスク
リスク ──┤
         │                    ┌── 社業と無関係な不祥事（71頁参照）
         └── 内部発生リスク：─┤
                              └── 社業と関係する不祥事（72頁参照）
```

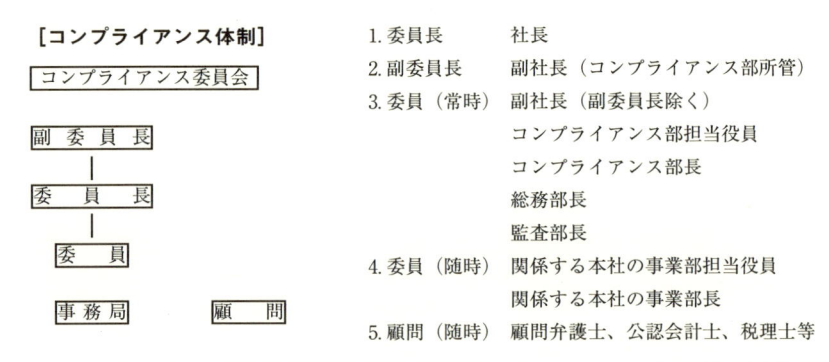

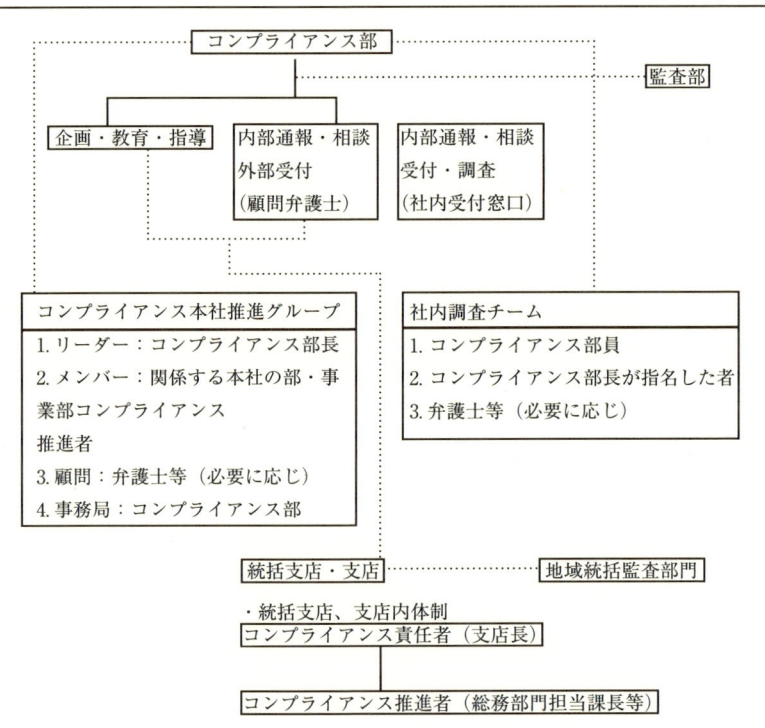

52 第2章 経営リスクとネガティブ情報

[コンプライアンス体制]

```
コンプライアンス委員会

副委員長
  │
委 員 長
  │
委   員

事 務 局     顧   問
```

1. 委員長	社長	
2. 副委員長	副社長（コンプライアンス部所管）	
3. 委員（常時）	副社長（副委員長除く）	
	コンプライアンス部担当役員	
	コンプライアンス部長	
	総務部長	
	監査部長	
4. 委員（随時）	関係する本社の事業部担当役員	
	関係する本社の事業部長	
5. 顧問（随時）	顧問弁護士、公認会計士、税理士等	

```
                    ┌─────────────────┐
                    │ コンプライアンス部 │─────────────── 監査部
                    └─────────────────┘
          ┌────────────┬────────────┐
          │            │            │
     企画・教育・指導  内部通報・相談   内部通報・相談
                     外部受付        受付・調査
                    （顧問弁護士）   （社内受付窓口）

  ┌─────────────────────────┐   ┌─────────────────────┐
  │ コンプライアンス本社推進グループ │   │ 社内調査チーム         │
  │ 1. リーダー：コンプライアンス部長 │   │ 1. コンプライアンス部員  │
  │ 2. メンバー：関係する本社の部・事│   │ 2. コンプライアンス部長が │
  │    業部コンプライアンス         │   │    指名した者           │
  │    推進者                      │   │ 3. 弁護士等（必要に応じ） │
  │ 3. 顧問：弁護士等（必要に応じ） │   └─────────────────────┘
  │ 4. 事務局：コンプライアンス部   │
  └─────────────────────────┘

              統括支店・支店 ……………… 地域統括監査部門
  ・統括支店、支店内体制
  ┌──────────────────────────┐
  │ コンプライアンス責任者（支店長）│
  └──────────────────────────┘
              │
  ┌──────────────────────────────────┐
  │ コンプライアンス推進者（総務部門担当課長等）│
  └──────────────────────────────────┘
```

[内部通報制度（スピークアップの仕組み）]

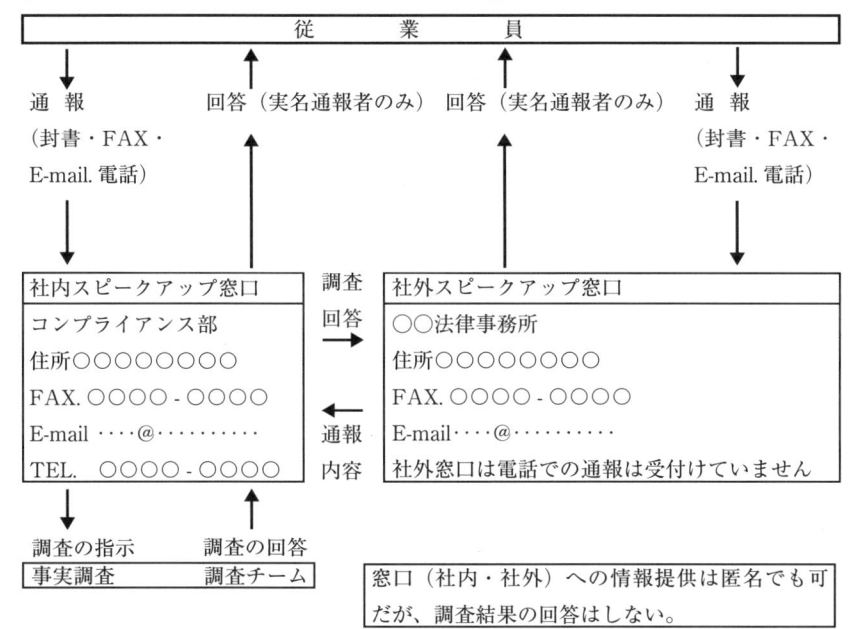

```
┌─────────────────────────────────────────────────────────┐
│                     従  業  員                          │
└─────────────────────────────────────────────────────────┘
   │         ↑              ↑              │
   │通 報    │回答（実名通報者のみ） 回答（実名通報者のみ）│通 報
   │（封書・FAX・                              （封書・FAX・
   │ E-mail.電話）                              E-mail.電話）
   ↓         │              │              ↓
┌──────────────────┐        ┌──────────────────┐
│社内スピークアップ窓口│  調査  │社外スピークアップ窓口│
│コンプライアンス部   │  回答  │○○法律事務所       │
│住所○○○○○○○○ │  →    │住所○○○○○○○○ │
│FAX. ○○○○-○○○○│  ←    │FAX. ○○○○-○○○○│
│E-mail‥‥@‥‥‥‥│  通報  │E-mail‥‥@‥‥‥‥│
│TEL. ○○○○-○○○○│  内容  │社外窓口は電話での通報は受付けていません│
└──────────────────┘        └──────────────────┘
   │         ↑
   │調査の指示 │調査の回答          ┌────────────────────────┐
   ┌────────┬────────┐          │窓口（社内・社外）への情報提供は匿名でも可│
   │事実調査 │調査チーム│          │だが、調査結果の回答はしない。         │
   └────────┴────────┘          └────────────────────────┘
```

第2章 経営リスクとネガティブ情報
2. 経営リスクが増大する要因

　経営リスクを発生させる企業不祥事は、内部から発生するとは限らない。外部の環境変化で、知らないうちに発生し増殖していて、気付いたときには絡め取られていることもある。経営リスクの早期発見は、「沖合いから発生する暗雲」を監視することから始まる。

〔外部要因〕
(1) 国際化が行政の視線を変えた

　平成8（96）年、規制に守られてきた日本型経営が、米国から外国資本の参入を阻害していると指弾され、「フリー、フェア、グローバル」の三原則が掲げられた。当時の橋本内閣が打ち出した金融制度改革（日本版ビッグバン）が発端だった。

①フリー：各業界を守っている業法（規制）を緩和、あるいは撤廃し競争原理を導入する。
②フェア：自己責任のもとで、誰でも公正かつ自由に市場への参入を認める。
③グローバル：諸外国と同一ルールを構築し、同じ土俵内で競争する。

　この三原則により、行政から保護されてきた我が国の経済的秩序システムが終りを告げ、競争原理を導入した市場経済システム（グローバルスタンダード）に移行した。各業界を規制で守っていた業法の撤廃や緩和。この枠組のなかにいて、行政の舵取りに頼っていた企業が、自らの責任で国際ルールに従ってフリーでフェアな事業活動に否応なく転換を迫られた。従来のシステムに縛られて意識改革に遅れた一部の企業は、この規制の撤廃が経営リスクを飛躍的に増大させた。

　こうした「フリー、フェア、グローバル」など国際化への制度変化は、生活者、消費者の間にも意識の変化をもたらした。「自己責任」という言葉の社会的定着化である。「私たちは、自己責任で商品や株式などの購入を判断する代わり、確かな情報を公表しフェアプレイを目指すのは、会社

側の社会的使命でもある」と、成熟した市民として企業に厳しい視線をみせる。こうした視線は、社会部記者の感覚と同じで、社会的責任（CSR）目線である。企業は株主だけのものではなく株主を含め従業員、消費者、地域社会、ひいては社会全体のためのものとの見方を示す。

　生活者、消費者の社会意識が、従来より厳しさを増してきており、そのなかで企業不祥事が発覚すれば、容赦のない企業批判が起こる。厳しい論調の記事がみられるなら、それは生活者の目線を映す"鏡"である。

　当然、中央官庁もそれに応じた目線を示す。ここで、目線を変えた厚生労働省（旧厚生省、旧労働省）の対応事例を紹介する。

　平成16（04）年10月5日の土曜日、四国県内で販売されていた「中国茶」を飲めば肝臓障害を起こす可能性があることが判明した。県庁では2日後の月曜日以降、マスコミに公表する予定を立てていたが、県から連絡を受けた厚労省広報室は、直ちに記者クラブ幹事社の社会部記者と相談し会見を開いた。報道各社からは泊まり明けの記者が集まってきた。

　県では「この案件の所管は県である」と抗議したが、厚労省側は「被害者の拡大を防ぐため、土曜日でも会見を開く」と県の抗議を退けた。なおも「訴える」と抗議する県に「どうぞ」とやり返したそうだ。

　このように厚労省は所管する県側の判断を退け、消費者の目線から発想し、迅速に対応したのである。従来の供給者（メーカー）から需要者（消費者）にスタンスを切り替えている行政の証しである。

　また、カネボウ粉飾決算事件でも、監査法人は企業側（供給側）より投資家（需要者）側に立ち監査することが求められた。

　05年9月、カネボウ粉飾決算事件で、監査を担当した中央青山監査法人の公認会計士4人が逮捕された。裁判では、証券取引法違反（有価証券報告書の虚偽記載）の罪で懲役1年〜1年半が求刑された。

　機関投資家であれ個人投資家であれ、投資家は公表された有価証券報告書を「正確なデータ」と信じて投資を判断する。これが虚偽だと資本市場の信頼も歪めることになる。かつての監査法人は、企業との力関係による「あうんの呼吸」で、決算内容に手心が加えられていたことは容易に推測できた。負い目のある企業側は、帳簿を精査しないよう監査法人側にそれ

となく伝え、監査法人も企業側の意図を黙認して決算書に押印していたのである。

こうした「あうんの呼吸」などという曖昧な日本的慣行は、国際的に認承を受けている会計基準（国際ルール）の前では、到底許されるものではない。結局のところ、日本の国際化が公認会計士に対し意識改革を迫り、監査費用を払うのが企業側であっても、遠慮することなく投資家（需要者）側に立ちフェアな監査を求めたのである。

日本型経済社会システム

従来		昨今の変化
〔企業システム〕		
国内（ローカル）ルール	→	国際的（グローバル）ルール（市場の自由化）
株式持合い	→	持合い解消
〔公的部門〕		
行政の事前規制	→	事後チェック・制裁
中央主導	→	地方分権
公共事業中心の地域開発	→	成長分野に重点投資
〔金融システム〕		
間接金融	→	直接金融
〔雇用システム〕		
長期雇用	→	雇用の流動化（派遣、中途採用）
年功賃金	→	成果主義

(2) 変化する社会意識の認識欠如

　企業にリスクのシグナルを送る外部要因のひとつに、「変化する社会意識の認識欠如」が挙げられる。生活者の社会意識は刻々と変化し、それに伴い企業に向ける目線は、ますます厳しさを増している。厳しさを増している生活者の社会意識の変化を認識しないまま、不祥事に対応すると事態を悪化させ、さらに発展させる。

　トップの引責辞任会見で、興味ある発言をしている上場会社がある。

　「大阪アメニティパーク」（OAP）に建設中のマンション敷地内の地下水から基準値の65倍のひ素などを検出していたのに、「重要事項説明書」に汚染の事実を明記しないまま、住民らに一切知らせず平成10（98）年3月以降、500戸余りのマンションを販売していたのが三菱地所、三菱マテリアルの両社である。

　この事案に関して平成17（05）年5月27日（金）、三菱地所と三菱マテリアルの経営幹部は、それぞれ別個に記者会見し、三菱地所は社長、三菱マテリアルは会長が引責辞任すると発表した。

　両社の経営トップと会社が、宅建業法違反の疑いで書類送検を受けての3月29日の会見では「法令に抵触すると考えていない」としていたが、5月27日の会見では、前回（3月29日）の発言を修正し、容疑を認めた。そのきっかけとして「同席した弁護士は『消費者の視点を取り入れた結果、法的見解が変わった』と説明した。（中略）H会長は会見で、事件が起きた背景について『企業の姿勢として、客の視点に立つということを欠くことがあった。また社会情勢の変化に鈍感だったこともある』と分析した」（「毎日新聞」05年5月28日付朝刊10面）とし、両社とも「消費者の視点」や「社会情勢の変化」に対応できていなかった企業姿勢が、事件を起こした背景にあるとしている。

　制度や社会意識の枠組みが変わってきているとの現状認識の欠如が、リスクを顕在化させクラッシュさせる要因になっている。社会意識の変化で、過去には許されていた行為が批判されるようになる。「道徳の最低限」とされる法律では許しても、厳しくなった社会の規範や良識がそれを許容しない。法令を守るのは当然のこと、自主ルールや社会規範（社会の良識や

常識）の遵守も強く求められている。昨今の社会意識の潮目変化を読み切れず、従来と変わらない企業姿勢がクライシスを発生させる。その結果、経営幹部が辞任に追い込まれていく。

　また、「検察や裁判官は、マスコミや世論の風向きに影響を受ける」（社会部記者）との説に従えば、世間の目線が厳しくなるほど、検察の求刑や裁判官の判決も適用基準を下げ、厳しくなってくる。一般国民の基準や社会の厳しい目線が、社会的規範となり世論を形成する。自ら変革できない会社のルールと、刻々と変化している社会のルール。昨今の企業不祥事は、この「会社」と「社会」のギャップの間で生じていると思われるのも多い。

　次もまた新たに現れた暗雲（リスク）である。

　米国政府が、わが国に求める「年次改革要望書」(注3) では、厳しい数値目標まで明記し、その実現化を目指すよう要望している。特に「独禁法違反の防止」の項目では、「独占禁止法（独禁法）の悪質な違反を抑止することは、効果的な競争法の執行制度にとって最も重要である。しかし、独禁法に規定されている現在の課徴金の水準は、効果的な抑止となるには、あまりにも低すぎる。明らかに悪質な独禁法違反に対する刑事告発は少なく、東京高等裁判所が独禁法を犯した企業や個人に科す刑罰は軽く、悪質な独禁法違反の抑止効果は限られている。したがって、米国は、日本に対して、以下の措置を要望する。

①課徴金の支払金額の水準を大幅に引き上げる。（共謀による売り上げの約20％）
②課徴金の支払い命令を現在の独禁法の規定する過去3年間のみではなく、違法な談合のあった全期間の売り上げに適用する。
③独禁法違反を繰り返す企業に対し、さらに厳しい措置を課す方法を検討する。
④より積極的に独禁法の刑事罰の規定を設け、執行する。
⑤独禁法違反で有罪となった被告に対し、懲役を科すことを裁判官に勧奨する」

　以上の諸点について、国際（グローバルスタンダード）ルールへの準拠を一層強めている。

米国の要望書を「リスクを伴う変化要因」と捉えておかないと"爆弾(リスク)"を抱え込むことになる。

現状の様変わりを認識しようとしない企業は、相次ぐ官製談合事件のように、これからも不祥事を起こしやすい、といえそうだ。

(3) 法改正で新たなリスクが発生………いわゆる「初もの」

法改正も、経営リスクを発生させる。新しい法令のもとで初めて摘発を受ける事案の判決は判例になり、否応なしに耳目を集めてしまう。そうしたことから、「初めての告発や摘発」された事案は、「初もの」として報道価値のランクが上がり、見出しに「段が立つ」傾向が強い。

以下、初めて摘発・告発されたケースを列挙する。

①風説の流布

「証券取引等監視委員会は29日、広島市の無職、Yさん(23)を証券取引法違反（風説の流布）容疑で広島地検に告発した。インターネットを利用した風説の流布（注4）の告発は、初めて」（「日本経済新聞」02年11月30日付朝刊39面記事をもとに筆者が実名等をアルファベットに直し再構成した。以下同）。元会社員はインターネットの掲示板で数十人の会員を募り、集めた会員に虚偽情報をメールで送信。元会社員はその情報とは逆に株を買い戻し、数十万円の利益を得ていた。

②自社株買い情報によるインサイダー取引

平成15（03）年7月16日、証券取引委員会はパソコンメーカー「S社」の元社員を証取法（インサイダー取引）の疑いで横浜地検に告発した。元社員は同社が自社株取得を決定したという情報を公表前に50株494万円で購入し、公表後に売却して277万円の利益を得ていた。「2001年に商法が改正され、自由に自社株を取得できる『金庫株』が解禁されたが、自社株買い情報によるインサイダー取引の告発は初めて」（「日本経済新聞」03年7月17日付朝刊38面）

③改正下請法

平成16（04）年9月28日、公正取引委員会（注5）はF製紙に対し、下請法違反（下請け代金の減額）で業者に未払いの減額分2460万円

を支払うように勧告した。F製紙は裁断作業などの工程を委託した下請け業者に、名目を協力金とし平均5％の支払いを減額していた。「今年4月、勧告案件を公表することなど下請法(注.6)強化を目指した改正法が施行されており、F製紙が公表第一号となった。(中略) F製紙の話『会社のためにやったことだが、不祥事を起こし申し訳ない。30日に減額分を返金し、再発防止に努めたい』」(「毎日新聞」04年9月29日付朝刊29面)

(4) 政変で事件が露見

政変も甚大な企業リスクを発生させる。

自民党が分裂し、新生党が誕生した平成4 (92) 年7月の総選挙で、自民党が敗北し一党支配が終焉した。「55年体制(注7)の崩壊による権力構造の変化が、ゼネコン汚職を白日のもとにさらけ出した」(社会部記者)とされる。

ゼネコン汚職摘発の発端は、大手運送会社の特別背任事件だった。逮捕された役員が「多数の政治家に巨額な裏金を渡した」と供述したことから、報道各社は「疑獄事件に発展する」とみて、特別取材班を組み検察や国税庁職員に連日の夜回りを続けていた。

1年後の平成5年 (93) 年3月、内偵を進めていた特捜部が、金丸信代議士(当時、自民党副総裁)と秘書を逮捕、ゼネコン各社を家宅捜索した。多数のゼネコンから政界に裏献金が渡っていたことが裏付けされ、相次いで自治体首長や経営幹部が逮捕され、大疑獄事件に発展した。

この間、政治的には日本新党、新党さきがけ、新生党が誕生し、8月には非自民連立の細川政権が登場した。

平成元 (89) 年、米ソ対立の象徴であったベルリンの壁が崩壊し、米国の一強時代を迎えた。国際政治の枠組が激変し、米国の対共産圏の防波堤となっていた自民党政権の役割は終わったとされ、これが非自民政権成立の遠因とする解釈が強い。

〔内部要因〕
(1) 有名性

　日本経団連では企業行動憲章（注8）を04年5月に改定、会員企業に対しこの憲章を自主的に実践し、コンプライアンスの徹底を求めている。10ヵ条からなり、これに反する事態が発生すれば、①経営トップ自らが問題解決にあたり、②原因究明と再発防止に努めるとともに、③社会に対し迅速かつ的確な情報の公表を行い、④権限と責任を明確にしたうえで、自らを含め厳正な処分を行う、としている。

　リーディングカンパニーは業界での発言力、影響力も強く、高い行動規範が要求される。

　麻雀をする方ならご存じだろうが、麻雀は4つの役で満貫になる。大企業は知名度も高くステークホルダー（顧客、社員、株主、取引先、地域社会などの関係者）が多数に及ぶことから社会的影響力も高く、すでに2～3翻を持っている会社と思って間違いない。あと1～2役で満貫になり、大企業は批判の矢面に立たされる。

　大企業や上場企業が不祥事を起こした際、行政機関や捜査当局は、業界の自浄作用を促すため、一罰百戒の意味を込めて処断する。零細・弱小企業では一罰一戒にとどまり、波及効果は薄いとみられているのだ。

　以下に、"一罰"効果が表れた事件をみてみよう。

①雪印乳業食中毒事件関連（注9）

　　平成12（00）年の夏、異物混入による自主回収を実施した企業が100社近くにのぼった。異物はプラスチック片、蛾、ハエ、ゴム片などさまざまだが、これだけ多くの食品会社が先を争うように自主回収に踏み切った背景は、雪印乳業の集団食中毒事件にあった。両者の性質には根本的に違いがある、メーカー側に「なぜ、どこで、どのように異物が混入したか」を見直させる契機となり、てき面に"一罰"効果が現れた。

②西武鉄道とコクドによる有価証券虚偽記載

　　平成16（04）年10月13日、西武鉄道は、グループ企業のコクドと

プリンスホテルが保有する西武鉄道株の持株比率を、過少に有価証券報告書に記載していたこと、それに持株比率を下げるため、重要事実の公表前に取引企業などに有価証券を売却していたことなどで、報道陣約100名を前に記者会見。この事件を受け、金融庁が上場各社に個人名義の株が本来の所有者かどうかなど、有価証券の記載に関して調査。ひとつの事件が契機となり、上場している全社に足元を見直させた。

③ JFEスチールの水質汚濁事件（注10）

　平成16（04）年2月3日、JFEスチール東日本事業所は、公害防止協定に基づく排出基準を超すデータを、基準値内に改ざんし、その報告書を提出していたとして、社長らが謝罪会見。

　千葉県では、公害防止協定を締結している臨海企業61工場を呼び、県に報告した環境データを改ざんしてないか、再点検を指示。その結果、新たに3社が改ざんしていたことが分かった。

(2) 悪質性（隠蔽行為）

① 日本ハム

<事件の概要>

平成13（01）年10月、日本ハム子会社の日本フード愛媛営業部が輸入牛肉約4トンを国産に偽装したのに続き、11月に日本フード姫路、徳島のふたつの営業部でも国産と偽装していたことが発覚。発端は内部告発だった。

平成14（02）年5月、日本ハムの専務（当時）が、子会社「日本フード」の徳島、愛媛両営業部から牛肉偽装の報告を受けていた。しかし、雪印食品の事件を怖れ焼却処分し、ひとつの隠蔽に次のウソを重ねて証拠を隠した。

日本ハムは平成14（02）年8月7日、ホームページで偽装行為は子会社の日本フードが行ったもので、本社はその行為を見逃した間接責任があるとした。しかし、「子会社の社長を日本ハム副社長が兼ね、本社オフィスは日本ハム東京支社と同居するなど実態は『親子一体』」（朝日新聞　02

年8月7日付夕刊15面）として批判された。当初、日本ハム、日本フードともに偽装工作は日本フード側の独断としていたが、偽装の隠蔽工作が本社の副社長、専務の主導で組織的に行われたことを認め辞任した。

＜広報の観点＞

日本ハムでは、平成14（02）年8月に発覚した牛肉偽装事件を契機に、大学教授ら有識者5名と同社労働組合委員長による「企業倫理委員会」を設置し、この不祥事の構造的な原因が、

[ⅰ] 過度な業績至上主義が不適切な行動をとっても看過されうる業務環境を作り出した、

[ⅱ] 各事業本部間における人事・情報の障壁が、長期にわたる人事滞留者を発生させ、不正等を発見しづらい環境を作り出した、

[ⅲ] 事業効率を追求するために、いわゆる「小さな本社」を目指してきたが、それが管理・監査部門の軽視につながった、

の3点と総括した。これを基に企業倫理委員会は、以下の10項目の改革提案を行った。

・取締役会の改革、
・倫理・法令遵守に関連する部署の設置、
・各事業本部や関連会社のトップ人事の流動化、
・人事権の各事業本部から本社への委譲、
・監査の厳格化、
・労働基準法の遵守、
・管理体制の強化、
・フォーマルな情報ルートの確立と積極的な情報開示、
・危機管理意識の浸透とリスクマネジメント体制の確立、
・意識改革の断行、業績とコンプライアンスを両立させる仕組みの構築、

「企業倫理委員会」は、この10項目の改革提案をまとめた上で、社内のコンプライアンス担当者に引き継いだ。（「経済Trend」05年10月号　22頁）

②明徳義塾高校

　平成17（05）年の夏の全国高校野球大会高知県予選で明徳義塾が県予選で勝ち抜き甲子園出場が決まっていた。ところが、予選前に部員の喫煙や暴力行為などが行われていたことが、主催者などに届いた封書で発覚、本大会の2日前に出場を辞退した。

　監督は県高野連などに報告せず、喫煙部員に1週間の謹慎処分、暴力を受けた部員の父兄に慰謝料を支払うなど、部内処理で収めようとしたことを「事実を隠蔽し、金銭で解決しようとした体質」として強く批判された。

　また、日本高校野球連盟の幹部は、他の高校のように類似行為があったにも係わらず隠蔽などせず、「早い段階で報告があれば、出場の道もあったかもしれない」（「毎日新聞」05年8月5日付朝刊21面）と指摘し、一カ月近く続いた隠蔽が「罪一等減ずる」余地をなくし、本大会出場の可能性を潰した。

(3) 悪質性（ウソ）

　平成14（02）年1月、横浜で三菱ふそうトラック・バス製のトレーラーからタイヤが外れ、主婦が直撃され死亡、子供2人が負傷した。同社は当初からこの死亡事故の原因を「整備不良」といい続けていたが、平成16（04）年3月11日の会見で、「設計上の欠陥」として自社の責任を初めて認めた。

　平成4（92）年のクラッチ欠陥による車両炎上事故では、当時の上層部が欠陥を隠すことを決め、隠蔽を「申し送り」事項としていた。

　平成8（96）年にはクレームが30件を超えたが、秘かに修理するヤミ改修で対応。平成12（00）年にはクレームとリコール隠し事件が発覚した。

　先の横浜での主婦死亡事故に加え、平成14年（02）年10月には、大型車が建物に追突して運転手が死亡。事故原因は、クラッチの欠陥によりプロペラシャフトが脱落したことだった。死亡した運転手は、道交法違反の疑いで書類送検された。事故後もデータを捏造し「整備

不良が原因」などと国に報告、被害者である運転手に、責任を押し付けた形になった。

　事件の過程で、次々と不祥事が明らかになり、その都度、ウソにウソを重ね事態が拡大した。悪質な隠蔽とウソの積重ねで「隠蔽体質の組織風土」とまで表現され、企業イメージは地に落ちた。

　どの企業も守るべきは、消費者との信頼という"きずな"である。"きずな"があってはじめて、ブランドという企業価値が育っていく。逆に信頼を裏切った企業は、「人命を軽視した企業」として生活者、消費者の記憶に長く留まり、傷ついたブランドは容易に回復しない。

　ウソと隠蔽は、透明性と対極にあり、「最悪」に類する言葉。記者から「組織の隠蔽体質」「組織風土の問題」などと判断されると、不祥事のときのトップが居座っていては体質改善に結びつき難いことから、「辞任の意思は？」といった出処進退を問う質問を浴びせ、経営トップの責任を追及する。

(4) 初期対応の誤りは尾を引きずる
①雪印食品………「初期対応を誤った」
＜事件の概要＞

平成13（01）年9月、我が国で最初の狂牛病に感染した牛が、千葉県白井市で発見された。牛肉消費の急激な低下で畜産農家や関連業界が、深刻な打撃を被った。政府は牛肉在庫緊急保管対策事業をまとめ、国産牛の買い上げを実施。雪印食品は、在庫の輸入牛肉を国産牛肉と偽り、買い上げ代金と輸入牛肉の差額、つまりこの制度を悪用し国民の税金を不正に得た。

＜事件の経過＞

平成13（01）年10月に入り、同社の関西ミートセンター長がこの制度を悪用し、豪州産牛肉を国産用の箱に詰め替えて偽装。この偽装行為に関し11月上旬に朝日新聞阪神支局に電話で、また、雪印食品本社に匿名の内部告発が届いた。担当部長が不正を行った関西ミートセンター長を問い

質したが、センター長に否定され不問に付していた。

　雪印食品社員による詰め替え作業の現場となったのが、平成14（02）年1月22日の夜、内部告発を伝えた西宮冷蔵の倉庫であった。

　12月上旬、記者が一斉に関係者を取材。物証を得るため、不正の拠点となった西宮冷蔵のゴミ箱に廃棄されていた伝票を集めるなど総力を挙げ取材に奔走、最後の段階で雪印食品の役員らに、食肉偽装について質した。役員はこの取材に対し「偽装を否定」した。一方、西宮冷蔵社長が全国紙2社の記者を会社に呼び、食肉偽装の事実を明らかにする。そして平成14（02）年1月23日の朝を迎えた。

平成14（02）年1月23日（水）《株価：72円》

午前4時
・朝日新聞が「輸入牛肉、国産と偽装　雪印食品、詰め替え」と1面で特ダネ報道。
同紙に載った広報室のコメントは「我が社の品質管理や在庫管理の体制から考えて、ありえない話だ」とした。この朝日新聞の記事により、約50名の報道陣が西宮冷蔵前に集まってきた。

午前11時半
・雪印食品東京本社で社長、副社長、専務ら幹部4名が約1時間半に及ぶ会見。
「昨年9〜10月に入庫したオーストラリア産の牛肉を国産牛肉622箱に詰め替えた」との事実を認め「ご迷惑をお掛けし、心からお詫び申し上げます」と謝罪したが「関西ミートセンター長が独断で不正を行った」とし、「責任が社員にある」と断言、本社の関与はなかったと強調。併せて社内に専務を委員長とする調査委員会を設置、調査を行うとした。農林水産省が事実関係の調査に、また兵庫県警でも詐欺容疑で捜査に乗り出すと発表。

1月24日（木）《株価：72円》
・岡山市では、管轄160校の給食に雪印食品の商品を使用しないことを決め、全国のスーパー、デパート、生協でも当分の間、取扱いを中止した。

・農水大臣が衆議院予算委員会で「告訴も検討」と発表。
・食品衛生法表示違反容疑で東京都中央区大田区の保健所が立ち入り調査に入る。
・雪印食品は本社で会見し「昨年11月の社内調査では不正を発見できなかったが、調査が不十分だったことを反省し、社外の有識者の助けを借りて、調査もあわせて行うべきであった」と述べ、調査委員会を発足させた。社長ら社内の13名と弁護士、公認会計士あわせて15名で構成。委員会の委員長には弁護士が就いた。

1月25日（金）《株価：65円》

・農水省は雪印食品に「再発防止策が徹底されるまで牛肉と牛肉加工品の製造、販売を自粛するよう」に指導。雪印食品は230品目の製造、販売を停止。
・社長に対しても「監督責任者を含む責任者の厳正な処分を行うよう」指導。これを受け、社長は「事実解明後に引責辞任」する意向を示した。

1月28日（月）《株価：60円》

・新たに北海道産牛肉約30キロを熊本県産とラベルを張り替えて出荷していたことが判明。
・東京本社で専務が「ラベルの張り替え」について会見したが、記者から社長の会見欠席の理由を問われた。

1月29日（火）《株価：56円》

・社長が辞任し、前社長と新社長が19時、100名以上の報道陣が待ち受けるなかで東京本社1階ロビーで記者会見。
・社内調査委員会が会見で、調査結果を発表。「調査の限りでは、組織的関与（協議）は認められない。部門別の独自行為」と組織的な工作を否定。さらに社内調査委員会の報告として「本社と関東ミートセンター（春日部市）でも偽装を行っていたこと」を明らかにしたが「それぞれの長の独断」とした。

2月1日（金）《株価：43円》

・合同捜査本部が全国三十ケ所の一斉捜索方針を決め、農水省が関西ミートセンター長を兵庫県警に告発。

2月2日（土）
・合同捜査本部では雪印食品に強制捜査を実施。

2月4日（月）《株価：34円》
・合同捜査本部の調べで、東京本社のミート営業調達部の部長が、三ヵ所のミートセンターの偽装を知りながら黙認していた。
・雪印食品でパートの職員など約1000名を3月10日付で解雇通告していた。
・米国のムーディーズが雪印乳業の長期債の格付けを、「B2」に二段階引き下げた．
・合同捜査本部は、法人も処罰できる食品衛生法（表示基準）違反でも捜索する方針を固めた。

2月15日（金）《株価：46円》
・大阪府、兵庫県は府県内の全スーパー、食肉加工業者に対し牛肉のラベル表示に不正がないか、立ち入り調査を開始。

2月22日（金）
・東京都内のホテルで、正午から社長が記者会見を行い「4月末をメドに開く株主総会で会社を解散すること」を発表。
・東京証券取引所は、東証2部に上場している雪印食品の株式を、5月23日付けで上場廃止すると発表。社員ら約2,000名が失職することになった。

3月14日（木）
・雪印食品は、偽装に関わったとして関西ミートセンター長のほか、前部長、課長職ら8名を7日付けで懲戒解雇した。

平成14（02）年5月30日（木）
・元本社ミート営業部長ら5名が、詐欺罪で起訴された。

8月30日（金）
・元本社ミート営業部長ら5名は、神戸地裁での初公判で起訴事実を認めた。

平成16（04）年5月12日（水）
・国産牛肉買取り事業で、約2億円の詐欺罪に問われた同社の元役員2

名の公判が、神戸地裁で開かれた。弁護側は最終弁論で無罪を主張し、検察側はそれぞれ2年6月から3年を求刑した。

7月13日（火）
・神戸地裁は、元専務、元常務の2人に「偽装を実行した元幹部社員ら5名との共謀は認められない」として、無罪とし「不正は現場の独断」と結論づけた。

7月27日（火）
・神戸地検は、地裁の元専務、元常務2人の無罪判決に対し、控訴を断念、無罪が確定した。

<記者の見方：時間リスクが発生する>

現場では、主として責任を逃れるため、不祥事を何とか隠せないかと思い悩み汲々とする。情報が届くのは遅くなってからのケースが多く、連絡遅れが対応遅れの原因となり、記事の流れができてしまう。捜査機関やマスコミは、材料（不祥事の確証）を持って最後のツメの段階で『イエスか、ノーか』を問い質してくるのだから、事態を早く把握することが肝心だ。初動の体制を作り上げておかないと、対応の遅れをリカバリーできるものではない。雪印乳業の食中毒事件も、社長への報告が事件発生から2日後と遅れ、初動で不覚を取った。経営にダメージを与える不祥事は、早急にトップへ報告し、トップ出席のもとで会見を行い、会社の責任を認めるところは認め謝罪しないと、始末がつかない時代になっている。

雪印食品の話に戻すと、本社に匿名の内部告発が届いた11月以降の段階で、身内であっても厳しい社内調査をして、事実を把握すべきであった。この時期での初動の遅れと、記者の最終確認の取材で「ありえない話」としたことが、結果的に「会社がウソをつき、事件を隠蔽した」と受け取られた。初動対応の遅れは、「時間」も重大なリスク要因であることを示している。

後日の社内調査の結果、偽装工作は本社や関東ミートセンターでも行われていたと判明。「ウソの会見をした」とマスコミから判断され、会社の信用は一気に失墜した。当時の記事では「一連の偽装行為から『会社ぐる

み』の疑惑が強まった」とされている。記者が不祥事の真っ只中で問うのは、法律問題ではなく原因などの事実関係や企業姿勢など社会的、道義的責任である。罪を犯したかどうかは裁判の過程で争われるものだ。本社の部長ら管理職5名も関与していれば、捜査の進展を取材しながら、信ずるに足る確証を得れば「『組織ぐるみ』の疑惑が強まった」と記事にするのは、不自然ではない。

　また、一般的に言っても、内部調査は社内の関係者が行うのでなく、第三者の弁護士が、厳格な社内調査により迅速に判明した範囲で説明しなければ、記者の疑問を解くことはできないまま、報道内容に反映されてしまう。緊急性の伴う不祥事は、時間リスクが発生する。トップの判断や意思決定の遅れなど、初動対応の遅れは、小さく燃えている火を大火にしてしまうものだ。

　＜広報の観点＞
　最初の謝罪会見の内容が記事になると、続報はその論調に引きずられる。そこで、ダメージを受ける不祥事を起した場合、最初の謝罪会見では、
　①会見の冒頭では、何はさておき「哀悼」か「お詫び」の言葉を、
　②次に、分かっている範囲で説明と今後の対策を、
　が最低限の原則だ。
　雪印食品（02年解散）は、平成14（02）年1月29日の会見で「部門別の独自行為で、組織的関与は認められない」と社内調査の結果を発表した。この「組織的関与」を巡って公判に持ち込まれていたが、平成16（04）年7月13日、神戸地裁は無罪（注11）を言い渡し、当初の会社側の言い分が認められた。
　2年余りの裁判で、元役員2名の無罪が確定した。しかし、消費者やスーパーなどの流通、それにマーケットからも見放され、不祥事発覚前96円の株価が1ヵ月後には46円にまで急落し、結果的に会社を解散した。裁判では勝ったが、企業（広報）の初動対応のミスで、社会から「ノー」を突きつけられ会社が負けたケースである。

第2章　経営リスクとネガティブ情報

3. 企業不祥事の分類

(1) 個人的犯罪と組織的関与

　不祥事には、会社の業務と関係なく従業員個人が起こすものと、業務と関連した不祥事に分けられる。また、業務と関連した不祥事でも、従業員個人が独断で起こした不祥事と、組織的関与が問われるものに分けられ、それぞれ情報価値に濃淡がある。

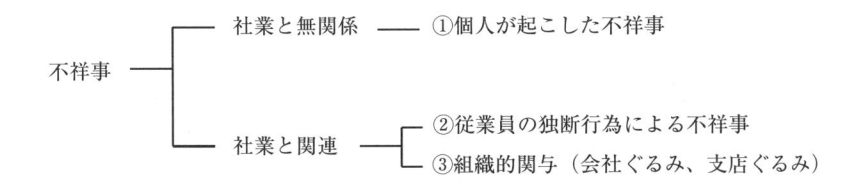

```
              ┌── 社業と無関係 ──── ①個人が起こした不祥事
不祥事 ───────┤
              │                    ┌── ②従業員の独断行為による不祥事
              └── 社業と関連 ──────┤
                                   └── ③組織的関与（会社ぐるみ、支店ぐるみ）
```

①個人が起こした事件

＜事件の概要＞

・強盗の疑いで逮捕

　平成16（04）年11月4日、「東京・自由が丘の高級ブティックに押し入り現金を奪ったとして、警視庁捜査1課などはN産業社員のA容疑者（50）（世田谷区）を強盗容疑で逮捕(注12)した。（中略）
同社IR・報道部の話：『当社の社員がこのような事件にかかわり、逮捕されたことは誠に遺憾に思います』」（「日本経済新聞」04年11月4日付夕刊23面より、筆者が実名等をアルファベットに直し記事を再構成した。以下同）

・銃刀法違反の疑いで送検

　警視庁組織犯罪対策5課は、「東証一部上場の医薬品メーカー『O薬品工業』の化学第一研究室長、K容疑者（44）を銃刀法違反（所持）の疑いで現行犯逮捕し14日、東京地検に送検(注13)した。（中略）

O薬品工業広報室の話：『考えられない事態で驚いている。K容疑者は13日付で懲戒解雇にした』」(「読売新聞」04年10月14日付夕刊19面より)

・窃盗の罪で起訴
　「大型量販店で万引きをしたとして県警に逮捕された柏市消防本部の消防士長・K（34）＝茨城県板東市＝を、千葉地検は14日、窃盗の罪で千葉地裁に起訴(注14)した。（中略）
　起訴を受け、同市消防本部のS消防長は記者会見で『市民の生命を守る消防職員として極めて遺憾な行為。今後、組織の綱紀粛清を図りたい』と頭を下げた」(「朝日新聞」05年4月15日付朝刊31面)

＜記者の見方＞
・犯罪被害者の実名の公表(注15)については、現在、議論を呼んでいるところだ。警察の発表資料では、加害者が所属した会社名を明記していなくても、記者が質問すれば回答してくれる場合が多い。
・報道機関によっては、会社の業務と関係のない個人的犯罪でも、有名性など必然性を備えていれば会社名を掲載する場合がある。
・また、「広報部の話」としてコメントを求める場合もある。

②社員の独断行為による不祥事
兼松日産農林………住宅用くぎなどの強度データをねつ造
＜事件の概要＞
　平成16（05）年2月、「兼松日産農林」の社員が、住宅用ビスなどの強度を偽って国土交通相名の認定書を偽造していたとして、同社の社長らが自ら不正を公表、同省で会見し謝罪した。
　国土交通省は30日、偽造が組織的に行われた可能性もあるとみて、有印公文書偽造の疑いで主任技師と氏名不詳の数人を警視庁に告発したが、同社では「認定書偽造は1人の社員が独断で行った」と説明した。

＜事件の経過＞

平成 16（05）年 2 月 17 日（木）
・国交省が壁の性能評価などを行う「指定性能評価機関」から「数字が改ざんされた認定書の写しが出回っている」との報告を受け調査を開始。

2 月 18 日（金）
・「兼松日産農林」（東証一部上場）の主任技師による偽造が判明。

2 月 22 日（火）《株価：293 円、23 日の株価：236 円》
・同社の社長らが同省で会見し「関係者に多大なご迷惑を深くお詫びします」と自ら公表して謝罪。「認定書偽造は、主任技師（47）が単独で行ったもので、会社ぐるみではなかった」とした。

3 月 3 日（木）《株価：260 円》
・社長らが記者会見し、強度偽装のビスが約 6 億本流通していることを明らかにした。

3 月 29 日（火）《株価：238 円》
・警視庁捜査 2 課は、有印公文書偽造・同行使の疑いで本社など関係先十数か所を家宅捜索。

3 月 30 日（水）《株価：224 円》
・国交省は、偽造が組織的に行われた可能性もあるとみて、有印公文書偽造の疑いで主任技師らの数人を警視庁に告発。

4 月 22 日（金）《株価：218 円》
・社長は会見で「社内調査の結果」を発表、組織的関与には「担当者の主任技師が一人でやった」と否定。

5 月 27 日（金）《株価：209 円》
・国交省で社長が記者会見し、「補強工事のメドがつき次第、社長を辞任する」と発表した。あわせて 2 役員も 6 月 29 日付で辞任すると発表。また、同社は主任技師を 26 日付で懲戒解雇、技師の上司 4 名を減給処分とした。

6 月 7 日（火）《株価：196 円》
・警視庁捜査 2 課は、元主任技師 H 容疑者(47)を有印公文書偽造・同行使容疑で逮捕。捜査 2 課は、「同社の組織的関与」について追及している。

6 月 28 日（火）《株価：205 円》
・東京地検は、H 容疑者（47）を有印公文書偽造・同行使の罪で起訴した。

＜広報の観点＞

　雪印食品のように、初期対応の誤りで組織的関与が希薄でも「組織的体質」「組織の構造的問題」と糾弾されて、会社の解散に至るような事態を避けるため、早急に第三者による社内調査を実施する。その結果により「社員個人の独断行為による不祥事」と「組織的関与」をスッパリ切り離して、「管理責任は認め謝罪する」と、迅速に公表した。丸紅畜産（不当表示）、三井物産（ディーゼル車のDPFデータねつ造）、JFEスチール（水質データ改ざん）などが、こうしたケースである。

＜記者の見方：中途半端の回答はマイナス＞

　3月3日の会見で、記者は「どこのツーバイフォーメーカーに流通したのか」と質問した。会社側は、当初は回答しなかったが、鋭い追及に「A社など約20社」と回答した。国土交通記者会の幹事が、「再調査して、A社だけでなく全社のリストを出すよう」に要求し紛糾した。
　ある記者は「こうした場合、あまり有名でないA社だけ明らかにするような、中途半端な回答はよくない。出すなら全部出し、出さないなら全て出さない方がいい」としている。

③組織的関与

　平成16（04）年4月25日、東京地裁でUFJ銀行（当時）の元副頭取、元執行役員ら3被告の判決が下された。判決は副頭取に懲役10月、元執行役員らには懲役8月（ともに執行猶予3年）とした。3名は金融庁による特別検査の際、部下に検査妨害を指示したことで、銀行法の罪に問われていた。副頭取が大口融資先の資料を隠蔽（いんぺい）した理由は、特別検査による不良債権額を低く抑え、引当金を少なく査定させるためとされた。自ら査定資料などの隠蔽工作を発案し、多数の部下に隠蔽を指示し「検査忌避を組織的に行った」と断罪された。

(2) 一過性記事と継続的記事

①一過性で終る記事

　一過性の記事で終るのは、容疑者が特定され、かつ被害が拡大しない不祥事の場合。しかし、一過性の不祥事でも芸能人など有名人が関係してくると、情報価値が高まり一般紙だけでなくスポーツ紙や週刊誌、それにテレビのワイド番組に波及しやすい。例えば、次の新聞記事は一過性記事で終わると思われた横領事件が、女性タレントが関係したため、週刊誌などにまで掲載媒体が広がったケース。

　「外資系証券会社『Ｉ証券』東京支店元課長、Ａ被告（37）＝別の恐喝未遂事件で起訴＝を再逮捕した。計約１億円相当の有価証券などを横領したとみて余罪を調べている。（中略）売却益約１億6000万円のほとんどを交際していた歌手志望の女性の口座に送金し、ＣＤ制作や芸能プロダクションの設立資金にあてていたという」（「産経新聞」04年7月18日付朝刊29面）とする記事。一部の週刊誌や夕刊紙が「この女性タレントの素性」を後追いして記事した。

②継続的に掲載される記事（続報）

　続報記事は、西武鉄道有価証券虚偽記載事件のように、大きな不祥事が発覚し、近い将来にその当事者の逮捕が確実視されるときや、会社に原因のある工場火災など、周辺に被害がおよんだときだ。取材チームがつくられ、逮捕までの期間や責任が明確になるまで、関連した記事が継続的に紙面を埋める。具体的には、

・不祥事や事件で、逮捕される者が出ると確実視されているとき。
・締切時間の関係で記事を書き切れなかったときは、次の紙面で書かれる。
・情報が入り乱れたときなどは、原因や背景を掘り起こすなど整理して検証報道される。
・情報隠しなどで疑問点が起こり、新たな事実が次々と出てきたとき。

＜記者の見方：事案の節目に書く＞

事件の記事を書くタイミングは、事案の節目のときだ。それには、①捜査当局が犯罪を知ったとき（交通事故、強盗殺人事件の発生、他の事件で告訴、告発があったとき）、②容疑者の逮捕、送検、③検察による起訴、不起訴、処分保留のとき、④公判、⑤判決のときなど。

注意するのは逮捕した時点での容疑内容と起訴状の内容が、違っているとき。こういうときは起訴の段階で、新事実が明らかになれば、フォローの記事を書く。

《用語メモ》

（注1）
国税庁記者クラブ
財務省記者倶楽部の社会部分室のこと。

（注2）
大会社
資本金5億円以上または負債総額200億円以上の会社のこと。

（注3）
年次改革要望書
「日米規制改革および競争政策イニシアティブに基づく日本政府への米国政府の年次改革要望書」（03年10月24日）

（注4）
風説の流布（証券取引法第158条）
何人も、有価証券の募集、売出し若しくは売買その他の取引若しくは有価証券指数等先物取引等、有価証券オプション取引等、外国市場証券先物取引等若しくは有価証券店頭デリバティブ取引等のため、又は有価証券等の相場の

変動を図る目的をもつて、風説を流布し、偽計を用い、又は暴行若しくは脅迫をしてはならない。

(注5)
公正取引委員会
昭和22（1947）年に制定された独占禁止法を施行する機関。独占禁止法は①私的独占、②不当な取引制限、③不公正な取引方法、を禁止している。このうち、不公正な取引方法では不当な景品類および表示による顧客の誘引行為を防止するため「不当景品類および不当表示防止法（景表法）」が昭和37（62）年に制定された。平成18（06）年1月から、国税当局と同様の強制捜査権が与えられた。

(注6)
改正下請法
平成16（04）年4月1日に、下請代金支払遅延等防止法が、昭和31（56）年の法制定以来、大幅に改正され施行された。下請法が適用される業種は、製造委託、修理委託、情報成果物作成委託、役務提供委託の4つ。親事業者と下請事業者には2つの類型が定義されている。今回の改正で「親事業者の禁止行為」で追加された主な内容は、
・正当な理由がある場合を除き、自己の役務を強制して利用させること。
・自己のために金銭、役務その他の経済上の利益を提供させること。
・下請事業者の責めに帰すべき理由がないのに、給付内容を変更させ、またはやり直させること。
・その他、悪質な親事業者に対して企業名の公表が行えるよう関係規定が整備された。

(注7)
55年体制
昭和30（55）年に左派社会党と右派社会党が統一されたのに対し、保守の自由党と民主党が合併した。こうして社会党と自由民主党の対抗軸が形成された。この統一された自由民主党が、継続して政権を担った体制を「55年体制」

と呼ぶ。しかし、平成5年（93）年に細川護熙を首相とする非自民連立政権の登場により崩壊した。

(注8)
企業行動憲章

企業行動憲章

2004年5月18日
（社）日本経済団体連合会

【序文】
日本経団連は、すべての企業や個人が高い倫理観のもと自由に創造性を発揮できる経済社会の構築に全力をあげて取り組んできた。その一環として1991年に「企業行動憲章」を制定し、1996年には憲章改定に合わせて「実行の手引き」を作成した。2002年の再改定時には、企業に対して社内体制整備と運用強化を要請するなど、経営トップのイニシアチブによる自主的な取り組みを促してきた。

そうした中で、近年、市民社会の成熟化に伴い、商品の選別や企業の評価に際して「企業の社会的責任（ＣＳＲ：Corporate Social Responsibility）」への取り組みに注目する人々が増えている。また、グローバル化の進展に伴い、児童労働・強制労働を含む人権問題や貧困問題などに対して世界的に関心が高まっており、企業に対しても一層の取り組みが期待されている。さらに、情報化社会における個人情報や顧客情報の適正な保護、少子高齢化に伴う多様な働き手の確保など、新たな課題も生まれている。企業は、こうした変化を先取りして、ステークホルダーとの対話を重ねつつ社会的責任を果たすことにより、社会における存在意義を高めていかねばならない。

これまで日本企業は、従業員の潜在能力を引き出し企業の発展に結びつけるため、きめ細かい従業員教育や社内研修、労使協調に努めてきた。また、地域社会の発展への寄与、社会貢献活動や環境保全への積極的取り組みなど、企業の社会的責任の遂行に努力してきた。

社会的責任を果たすにあたっては、その情報発信、コミュニケーション手法などを含め、企業の主体性が最大限に発揮される必要があり、自主的かつ多様な取り組みによって進められるべきである。その際、法令遵守が社会的責任の基本であることを再認識する必要がある。そこで、今般、日本経団連は、

会員企業の自主的取り組みをさらに推進するため、企業行動憲章を改定した。会員企業は、優れた製品・サービスを、倫理的側面に十分配慮して創出することで、引き続き社会の発展に貢献する。そして、企業と社会の発展が密接に関係していることを再認識した上で、経済、環境、社会の側面を総合的に捉えて事業活動を展開し、持続可能な社会の創造に資する。そのため、会員企業は、次に定める企業行動憲章の精神を尊重し、自主的に実践していくことを申し合わせる。

企業行動憲章
― 社会の信頼と共感を得るために ―

企業は、公正な競争を通じて利潤を追求するという経済的主体であると同時に、広く社会にとって有用な存在でなければならない。そのため企業は、次の10原則に基づき、国の内外を問わず、人権を尊重し、関係法令、国際ルールおよびその精神を遵守するとともに社会的良識をもって、持続可能な社会の創造に向けて自主的に行動する。

1. 社会的に有用な製品・サービスを安全性や個人情報・顧客情報の保護に十分配慮して開発、提供し、消費者・顧客の満足と信頼を獲得する。
2. 公正、透明、自由な競争ならびに適正な取引を行う。また、政治、行政との健全かつ正常な関係を保つ。
3. 株主はもとより、広く社会とのコミュニケーションを行い、企業情報を積極的かつ公正に開示する。
4. 従業員の多様性、人格、個性を尊重するとともに、安全で働きやすい環境を確保し、ゆとりと豊かさを実現する。
5. 環境問題への取り組みは人類共通の課題であり、企業の存在と活動に必須の要件であることを認識し、自主的、積極的に行動する。
6. 「良き企業市民」として、積極的に社会貢献活動を行う。
7. 市民社会の秩序や安全に脅威を与える反社会的勢力および団体とは断固として対決する。
8. 国際的な事業活動においては、国際ルールや現地の法律の遵守はもとより、現地の文化や慣習を尊重し、その発展に貢献する経営を行う。

9. 経営トップは、本憲章の精神の実現が自らの役割であることを認識し、率先垂範の上、社内に徹底するとともに、グループ企業や取引先に周知させる。また、社内外の声を常時把握し、実効ある社内体制の整備を行うとともに、企業倫理の徹底を図る。

10. 本憲章に反するような事態が発生したときには、経営トップ自らが問題解決にあたる姿勢を内外に明らかにし、原因究明、再発防止に努める。また、社会への迅速かつ的確な情報の公開と説明責任を遂行し、権限と責任を明確にした上、自らを含めて厳正な処分を行う。

以上

(注9)
雪印乳業食中毒事件
雪印乳業食中毒事件は、2000年6月に発生した。北海道の同社・大樹工場製の脱脂粉乳が、停電により操業が一時停止し、黄色ブドウ球菌で汚染された。この汚染された脱脂粉乳を原材料とした大阪工場製造の乳製品を、飲食したことで中毒が広がった。

食品メーカーが最優先すべきは「食品の安全」だが、この不祥事により「健やかで明るいくらしと社会に貢献したい」という企業理念とは程遠い経営体質が報道過程で露呈し、ブランド崩壊に直面した。

2001年3月、大阪府警は、前社長ら9人と雪印乳業を「業務上過失致死・傷害事件など」で、大阪地検に書類送検した。今回の食中毒の認定者数は、1万3420人。日本では、過去最大の食中毒事件で、消費者の「食品の安全」に対する不信感を招いた。

ちなみに、高野瀬忠明雪印乳業社長は、当時の雪印の不祥事を振り返って次のように語っている。

「雪印の不祥事の原因は、社外の視点が経営に入っていなかったこと、縦割りの弊害、リスク・マネジメントの未整備にあった。現在、コンプライアンスに重点を置いて行動基準の徹底を繰り返し行うとともに、情報開示に努めている。今後、日本社会全体にとって情報開示のあり方が大きな課題になってこよう」(「経済Trend」05年10月号 「企業倫理の確立は経営トップの責務」、10頁。)

(注10)
JFEスチール水質汚濁事件
平成16（04）年2月3日、JFEスチール東日本事業所は、公害防止協定に基づく排出基準を超すデータを、十数年前から基準値内に改ざんし千葉県と市にその報告書を提出していたとして、社長らが謝罪会見した。千葉地検と千葉海上保安部は、水質汚濁防止法違反の疑いで、同社千葉工場など7ヵ所の捜索し、データ改ざんが10年以上及んでいたことから、書類送検した。平成17（05）年10月26日、検察は3名の水質担当者らを水質汚濁防止法違反の罪で略式起訴した。3名は罰金を即日に納付した。法人には「会社ぐるみの組織的不法行為とはいえない」とし、起訴猶予にした。その理由として、「①隠蔽工作がなかった②100億円超の投資計画を立て再発防止に努めている③廃棄物処分業の許可取り消しなど法想定以上の経済的影響が及ぶ④健康被害が出ていない—を考慮し、法人や同社幹部に対する立件を見送った」（朝日新聞05年10月27日 朝刊35面）とした。

(注11)
雪印食品牛肉偽装事件の無罪判決要旨
（共謀に関する基本的な疑問点）
A、B両被告は雪印食品の役員で、偽装に関する報告を聞いて関与したのであれば、他の部署の動向を聞くなどするのが自然だが、偽装の打診等をしたり、その必要性などの話し合いがなされた形跡もない。偽装工作を実行した社員5人ら担当者に任せきりにしていたとする両被告の供述も、不自然であるとはいえない。
5人は（業界で他にも偽装があるとする取締役会への）「悪い噂（うわさ）」の報告を除くと、両被告から個別の事前承諾などなく具体的な作業を開始していることになり、不可解である。
（実行した5人の供述の疑問点）
◆5人は本件偽装につき両被告の承諾、指示が認められれば、主犯の責任を免れる。また、事件が社会問題化すればするほど、一般論とすれば、会社上層部の関与が疑われやすくなるから、このような見方に迎合する供述することの抵抗感が軽減する状況が生じていたといえる。重要な企画や商品を廃止する元専務の決定は、ミート部門の者にとっては冷酷な仕打ちと感じさせる

ものであり、5人全員がこの感情を共有していたものとみてよい。
◆5人は、当初は両被告の関与を全て供述しておらず、その後、供述を変遷させた時期はほぼ同一。両被告の関与を供述し始めた時期は、いずれも（上司を気にしなくて良くなったとみられる）会社解散直後ではなかったと認められ、供述の変遷経過は不自然だ。

　5人らによれば、互いの偽装の意図や内容を連絡しあうことなく本件偽装に至っている。5人が独自の判断で罪証隠滅工作に出ている点をみると、両被告と共謀していたとすれば偽装発覚後の行動としては不自然不合理だ。両被告らに相談することなく実行したことを示す間接事実である。
◆取締役会の議事録には、実行犯の「悪い噂」の発言記載はない。報告があればさらに説明を求める役員がいても不思議ではないが、そのような形跡もない。そのような報告はなかったのではないかとの疑いが極めて強く、仮にあったにせよ、ごく簡単な説明であったとしか考えられない。

（両被告の供述）
◆A被告について
検察官は、本件事業について利益を考えなかったという点などが不自然と主張する。しかし、本件事業はいわば横並びの手続きに乗っていく以外に基本的には対処方法はないのであり、違法な手段に出ない限り、経営判断によって生じる利益に大きな差が生じる種類の事業ではなく、供述は不自然とはいえない。

検察官は、A被告が決済稟議書資料を見れば、輸入牛肉を混ぜ込んで販売したことは容易に分かったはずだと主張する。しかし、偽装の疑いを持ちえない時期のもので、偽装の存在を把握、確認するのは困難だった。

捜査段階での供述調書の多くは断片的であり、その間の食い違いも変遷とはいい難い。基本的な信用性に疑問を生じさせるほどのものでなはい。
◆B被告について
検察官は、B被告の供述も不合理であると主張するが、直接的共謀を否定する態度で一貫しているほか、特に信用性に疑問が生じる部分は認められない。偽装発覚後の言動も供述全体の信用性に影響するとか、事前共謀を裏付けるとは到底言えない。供述の信用性を疑うことはできない。
◆両被告の供述は、検察官の厳しい反対尋問の際にも基本的な部分で揺らぐことはなかった。

（結論）

　実行した5人らの供述は、子細に検討すると明らかな虚偽部分や払拭できない疑問点を数多く含んでいる。5人らミート部門の暴走ともいうべき偽装・詐欺に対して、放置した事実が認められるか否かというような観点からも、5人の供述を含む全証拠によっても、関与を認めるには十分ではない。両被告が偽装を認識・認容していたと認定することはできない。（「毎日新聞」 04年7月14日付朝刊29面、筆者注：実名をアルファベッドに直した）

（注12）

逮捕

- **通常逮捕**　犯罪を犯した疑いのある被疑者を逮捕するには原則として、裁判官の出した逮捕令状が必要で、これを通常逮捕という。
- **緊急逮捕**　逮捕状がない場合でも、懲役3年以上にあたる重大な犯罪を犯したと疑う理由がある時。ただしこの場合、逮捕後直ちに裁判官に令状請求の手続きをとる必要がある。
- **現行犯逮捕**　現行犯人の場合は、警察官に限らず誰でも令状なしに逮捕することができる。

（注13）

送検

　警察官は被疑者を逮捕したあと取調べを行い、48時間以内にその身柄を検察庁に送らなければならない。被疑者は警察の留置所からいったん出され、証拠物などと共に、検察庁に送られる。
　警察が被疑者の身柄を拘束せず、任意捜査で取り調べたうえ、書類だけを検察庁に送るのは"書類送検"と言う。
　48時間以内の送検が義務付けられているのは、被疑者が逮捕されている場合に限られ、書類送検は日時の制限はない。

（注14）

起訴

　検察官は被疑者を調べて起訴するか、不起訴とするか処分を決定する。起訴、

不起訴には次のような区分がある。
① 起　訴
・起　訴
　被疑者が犯罪を犯したという証拠があり、裁判所に正式な裁判を求める場合。
・略式起訴
　罰金刑に相当する程度の比較的軽い罪について、正式裁判によらず簡易裁判所で略式命令を求める場合。
② 不起訴
・起訴猶予
　犯罪の事実はあるが、情状などにより刑罰を科す必要はないとして起訴しない場合。
・嫌疑なし、嫌疑不十分
　犯罪を犯した嫌疑がない。つまり捜査した結果被疑者はシロだった場合、また起訴するだけの証拠が十分でない場合。いずれにしても被疑者を逮捕したにもかかわらず、嫌疑なし、あるいは嫌疑不十分で不起訴となったときは、捜査に問題がなかったかどうか、逮捕された人の人権を守る立場からの取材が必要となる。

　この他、23日間の逮捕・こう留のあと起訴・不起訴を決定できないまま、処分保留で釈放するケースもある。これはさらに捜査を継続することを意味するが、実際には後日になって、不起訴処分にすることが多い。
　また、処分を保留して被疑者をいったん釈放し、拘置所の玄関を出たところで別の容疑で再逮捕することもある。捜査当局がこのような方法を乱用すると、裁判所から違法捜査と指摘されることがある。

(注15)
犯罪被害者の実名の公表
　05年4月、個人情報保護法が全面施行された。施行後のプライバシー状況について、役所が公表する犯罪被害者の氏名が匿名で発表されるなど、情報の出し渋りが目立ってきていると危惧されている。(法律時報、06年78巻4号通巻968号、「特集＝プライバシーの再検討」4頁～)

第3章
企業不祥事と社会部記者

第3章　企業不祥事と社会部記者

1. 社会部記者が動いた

　特ダネ（注1）は投書や電話、投稿サイトなどの内部告発や捜査員への夜回りなどから得る。とりわけ内部告発は貴重な情報源で、ワープロが全盛の頃には、大量のデータが書き込まれたフロッピーが送られてきたこともあるという。特ダネをモノにしたからといって、新聞の販売部数が伸びる訳ではないが、書いた本人の功名心が満たされるのは事実だ。しかし、それよりも、記者というのは「臭い物に蓋（ふた）」しても、匂ってくれば記事にする存在であることを知ってもらうことの方が大事だろう。これがひいては市民社会を少しでも良くする契機になるのである。一方で、特ダネだとして、持ち込まれる場合もあるが、情報操作されないためにも狙いは何か、事実かどうか、ウラになにか魂胆は無いか、十分に吟味することが必要だ（社会部記者）

【根拠なき楽観は禁物】

　昨今の企業不祥事で感じられるのは、起したこと、あるいは起きたことへの楽観的な想定である。この「甘さ」や「非常識」が、最初のボタンの掛け違いに表れるものだ。「記者は、ここまでは知らないだろう」「これ以上は、漏れないだろう」「このコメントで、十分納得してくれるだろう」という根拠のない想定を「疑い」、企業不祥事に年々厳しい反応を示す社会風潮からすれば「一番悪い状態」を視野に入れて対処することが肝心である。

　記者の粘り強い取材で、隠していた食肉偽装を明らかにされた雪印食品は、報道される内容を甘くみて、初期対応したことになるのだ。生活者の信頼が、企業を支えている基盤であることを失念していた結果であるともいえる。こうした経営幹部の甘い判断が、結果的に社会部記者の背後にいる生活者から「信頼」という"きずな"を断ち切られたという結末を生んだのである。

企業は、生活者の信頼を育んで、「企業の顔」とも言えるブランドが構築されていくものであろう。ブランド構築と、リスク管理体制の構築は、企業価値を高める車の両輪である。広報はこの二つの輪に関与する部署なのである。企業は、良質な情報をマスコミに発信し、ブランドを構築して行く一方で、企業価値を崩壊させるようなネガティブな情報（不祥事）には、社会から信頼を断ち切られないよう、広報的な対応をいち早く示す立場に位置づけられている。これが企業広報なのである。

　「ここまでリスク対策を取っていれば、不祥事がゼロになる」と考えるのも、甘い想定である。企業や団体が活動をしている限り、事件や事故は避けて通れず、市民が関心を寄せる不祥事は、往々にして役所が発表したり、特ダネとして報道されるものである。

　特ダネを書いたメディアは、以降の情報入手が断然有利になる。記事を読んだ読者が情報源となり、投書やインターネットで内部情報を連絡してくるようになっている。

　最近、「アジェンドセッター」という言葉をよく耳にする。つまり、あるメディアが特ダネを書けば、他紙も追っかけざるを得ない、それほど重みのあるメディアのことを指す言葉である。米国ではニューヨークタイムス、USAトゥデー、ワシントンポスト紙などがそれである。日本でもそうしたメディアは存在する。こうした新聞で火がつくと、投書などで新たな記事が生み出されてゆく。また、テレビ、週刊誌、夕刊紙、スポーツ紙まで動き始め、「あること、あること（真実）」「あること、ないこと（誤報）」「ないこと、ないこと（虚報）」が連日、紙面を賑わすことになる。広報の役目は「あること、あること（真実）」で早急に対応を考え、「あること、ないこと（誤報）」「ないこと、ないこと（虚報）」といった「書き得記事」を、いかに阻止するかにかかっている。これは不祥事の際の誤報や虚報を避ける意味でも重要である。

　誤報なら続報の過程で修正の機会はあるが、事実を公表しないためデマが飛び交うケースもあり得るのである。デマの流布量には、アメリカの心理学者であるポストマンとオルポートが発表した「デマの公式」がある。

情報の中身にあいまいさが多いほど、デマの広がりが強くなるという説だ。「デマの流布量＝重要度×情報のあいまいさ」に比例するという。ネガティブ情報が複合するようなインパクトの強い不祥事の際は、できる限りあいまいさを少なくすることが肝要であろう。

2. 社会部記者の目線

　社会部記者は、重大な事件や不祥事のときには、警察発表だけを頼りに記事にしないものだ。なぜ事件、不祥事が起こったか、背景、動機、原因やその事件の影響など周辺を取材し、真相に迫るのである。

【法律論でなく】
　あるレストランに経済部、生活部（社によって生活家庭部、生活情報部などと呼ぶ）、社会部の記者3名が入店したと仮定する。それぞれ所属する部によって違った反応を示す。

　経済部記者は、経営者の視点から客の入りを確認し、売上規模などを推測する。生活部記者は、店の雰囲気や内装、利便性に興味を示す。客層や食材の産地に注意を向けるのは、社会部記者である。後者の二つの部は、同じ生活者視点から物事を観察するが、生活部は暮らしに役立つかどうかを判断し、社会部記者は、安全や生活が脅かされたとき、生活者の怒りや不安を代弁して記事にする。同じ企業不祥事でも経済部は「経営に与える影響」などに関心が向き、社会部は「事件のスジ（発展性、方向性）」を読んで記事にする。

　「社会部は視線を低くして社会事象を追う。事件や事故ばかりではない。神戸の連続児童殺傷事件やナイフを持つ少年の事件の背景にある教育問題、経営破綻やリストラで深刻化している雇用問題などテーマは多岐にわたる。

　政府が進めている行政改革で人々の生活はどう変わるのか。グローバルスタンダードと言って規制緩和が唱えられ、バラ色の青写真が語られているが、本当にそうなのか。

　弱肉強食の強者の論理ばかりが強調されてはいないかと感じる。地球温暖化の原因となる温室効果ガスの6パーセント削減を決めた温暖化防止京都会議は21世紀の地球環境を左右する一歩となった。環境問題は

息長く追わなければならない。人々の生活にかかわるすべてのことが社会部の取材対象となる」(「東京地検特捜部」共同通信社社会部編　講談社 a 文庫　02年3月　"文庫本あとがき")
と「守備範囲の広さ」と「視線の低さ」を指摘している。

　社会部記者は市民(生活者、消費者)の目線の高さにあり、市民の生命や身体に重大な影響を及ぼす事件や、企業の倫理性(社会的、道義的)を問われる不祥事には、敏感に反応するものである。また、誰もが取材対象で、何時も取材する意識がある。野次馬根性が高く、記事になると思えば、事実確認のために出歩いたり調べたりすることは厭わないのだ。

　例えば、早稲田実業学校初等部の寄付金募集問題を例に取ると次のようになる。

　火をつけたのは月刊『現代』(04年2、3月号)に寄稿したジャーナリストの深山渓氏だ。タイトルは「早稲田系附属小学校の入試は『品性下劣なり』」とあり、「面接で巨額な寄付金を求め、都と国が重大関心」とサブタイトルにある。

　この記事が発火点となり、報道各社は経営責任者の奥島孝康氏(当時、学校法人理事長で早大前総長)に会見を申し込んだ。

　親が子供の将来を考え、少しでも評価の高い学校に入学させようと動くのは、今も昔も変わりのない親心である。その親の気持を逆手にとり、入学金以外に350万円もの寄付金を要求すること、それに受験生側の弱い立場を斟酌(しんしゃく)しない姿勢、そこに教育者の原点を忘れている姿を社会部記者は見たのである。そして、そこを社会部記者は怒るのだ。

　「早大のブランド力は強い。だから350万円の寄付を必要とすると、なぜ募集要項に載せなかったのか。"それでよければ、入学して下さい"とした方がよっぽどスッキリする。少子化によって短大や4年制大学の倒産懸念が高まっているなかで、早大も雪印乳業と同様、ブランドにあぐらをかいている。親が、何を感じて疑問を投げかけているか、理解しているとは思えない」と、早大出身の社会部記者が怒る。

　「奥島氏自ら面接の席で、寄付金を要求したのは事実か」との記者の質問に「『あまりに不注意。(私立大で寄付金募集を学生入学後に限った)文

部科学省通知（の趣旨）に違反したことは反省している』と述べたが『一律にお願いした。実際の寄付金手続きは入学してからだった』と釈明。『道義的に恥ずべきことと思っていない。通知がなければ問題なかった』とも強調した」(「東京新聞」04年3月5日)と言い切っている。社会部記者は「"お上"の指示に従わなかったのは間違いと反省するが、しかし道義的には問題はない」とする発言を"居直り"と捉える。奥島氏を道義的な観点から追及し、役職辞任に追込もうと意図しているのに、これでは自ら"くび"を差し出しているような発言になってしまう。

　この結果、奥島氏は中央教育審議会委員など、文部科学省に関連する役職すべてを辞任した。「文科省や東京都の通達に反した」からではなく、「視線の低さ」から事象をみる社会部記者から道義的観点により"くび"を取られたのである。

【記者の見方：言い訳や居直り発言はタブー】

　これまでみてきたように、早実初等部の「寄付金問題」は、人の生命、健康に害を与えた案件ではない。ましてや行政機関の内部的規範を示した通達でもない。通知というルールに違反したのは事実だが、厳密には法規範を犯したともいえず、記者への回答にもう少し配慮をしていればと思えるようなケースであったのだ。

　各社の会見要請に応じないで、取材拒否を貫き通せば、あるいは"逃げ切れた？"かとも思える事案だ。しかし、この"居直り"発言で新聞論調は決まったといっていい。記者に「言い訳」や"居直り"発言は、マイナスに作用する。取材の際、「寄付金要請は適切でなかった。今後はこう改善したい」と、述べていれば、恐らく公職を投げ出すことは避けられたであろう。強者の立場の企業や大学が、居直るような発言や傲慢と思える態度を示しては、社会部記者のほうが怒る。

第3章 企業不祥事と社会部記者
3. 社会部が一斉に動くとき

　不祥事が明らかになれば確実に企業にダメージを与える事件で、記者が取材を申込んで来るのは確度の高い情報やデータなどを持って、最終的に確認するためである。このように想定しておけばまず間違いはなかろう。

【記者の見方：不祥事広報に奇策なし】
　記者が企業の不祥事で取材を申し込んでくるのは、内部告発など他から情報を入手しているからで、会社は情報がマスコミなど外部に漏れていると覚悟すること。情報が遺漏しているのに事実を否定しても、記者は取材をあきらめない。事実か誤解かが分るまで、取材を続けるのである。否定し切れなくなって渋々認めると、また何かを隠していると疑われ、取材を重ねられて、次から次に新しいボロが出てくるようになるものである。速やかに分かっている範囲で事実を公表し、謝罪と原因、改善策などを打ち出せば、急速に記事は収束し、クライシスから早く回復するものだ。

　確実にダメージを与える不祥事が、一紙に書かれたら他社も追っかけてくると覚悟することが肝心。複数の社が取材を始めれば、誰も止めることはできない。書くことで報道側に新たな情報がもたらされ、それが取材で確認できれば記者は当然のように記事にする。取材拒否しても、最後には対応せざるを得ない場合が多い。企業不祥事の広報対応には奇策はなく"初期対応が分かれ目"と思った方がいい。

【広報の観点】
　社会部記者は、広報に「不祥事の際は、近視眼にならず一歩前に出て対処せよ」と、忠告する。あるいは態度でそのことを「発信」しているのである。しかし、企業はクラッシュした不祥事を目の前にすると「書かれると、受注活動や新規契約に支障をきたす」とか「この不祥事は業界全体が関わっていて、我が社だけの問題ではない」と、短期的な利害や企業・業

界の論理で「不祥事の情報価値」を判断しがちだ。その結果、社会部記者の取材に「うそ」や「隠蔽」それに「取材拒否」で対応することになる。

記者は企業が「隠蔽」しようが、「取材拒否」しようが、真実と信ずるに相当する確証を得ていれば記事にする。後追いする報道各社からの取材に、いやいやながら応じ、短期的な利害や企業論理で、不祥事情報を小出しにすると、改めて、ネガティブな内容を加えて記事にされるし、記者側に疑問が増幅し「仮説」の余地を残すことになる。この「仮説」部分を再取材され、新たに隠していたネガティブ情報が発覚し「損害の再生産」になる場合も往々にしてある。

さらに企業の不誠実な対応で記者の不信感が募り始めると、続報で怒りを含んだ論調になり、企業を見る社会部記者の目が、ますます厳しさを増してくる。広報は長期的な観点（利益）で、いかに一過性の報道で終らせるか手腕を問われることになる。広報が経営の重要な一翼を担うとは、このことを指す。

広報担当者が悩むのは「不祥事の情報価値」のレベル判断だ。「たいした問題ではない」と思っていても記事になるケースはある。広報担当者と記者の間に不祥事に対する認識のギャップが往々にしてみられ、これを避けるには広報が「一番悪い状態」を想定し、入念な対策を考える以外にない。また、社会部が"旬"とする医療過誤や不当表示、産業廃棄物、情報遺漏・流出などのテーマに合致すると、"ささやかな事犯"でも書かれる可能性は倍加する。

なお、ほんの数年前まで許されていた食品などの不適切な表示や、業界内で常態化された商行為も、現在では、厳しくなった社会的規範を踏み外した違反と判断され、市民が納得できなければ書かれる危険性を孕む。

社会部記者が「2ちゃんねる（注2）」「ブログ（注3）」など投稿サイトの書き込み情報や、刑事への夜回り、朝駆けで得た不祥事情報は、まず周辺から事実を固めてゆく。特ダネと思われる案件を書く場合、広報に問い合わせてくるのは、最後の確認の段階である。確認が取れれば、その日のうちに猶予なく記事にしてしまい、翌朝、特ダネが紙面を飾る。そして、他紙が後を追っかけてくる。

4. 他社が追っかけてくる

【一斉取材のパターン】
社会部が一斉に取材を始めるパターンは、以下の3通りである。
①官庁や捜査機関など公的機関の発表で取材に入る場合
②特ダネで他社が後を追ってくる場合
③海外で日本企業や邦人が事件・事故を起こしたり、巻き込まれた場合

②と③の場合、泊りの記者が午前6時頃にたたき起こされる。泊りの記者のなかでも若手の記者が朝早く「事実確認」のために企業に向う。また、通信社の記者が電話取材を始める。時間に余裕があれば、各官庁の記者倶楽部に所属する社会部記者に連絡し取材させるが、大事件の場合、30才前後の記者が出向くことになる。不祥事を起こした企業の事業内容などの知識はほとんどなく、専門性も希薄だ。

先に社会部が一斉取材を始めるパターンは、3通りあると指摘したが、その行動パターンを類型化すると概ね次の通りだ。
①記者が会社前に集まってくる、
②記者倶楽部幹事から記者会見やコメントの要請がある、
③個別の記者から、電話取材が入る、

【電話が鳴り始める】
共同や時事などの通信社は、ニュースの卸元として、加盟社（共同）や契約社（時事）に記事の配信を迫られている。そのため、一紙が朝刊で特ダネを書き不祥事が発覚した場合、通信社から広報にいち早く電話が入る場合が多い。

「○○新聞の記事は事実ですか？」と聞いてくる。違っていたら「どこが違いますか？」と畳み込んでくる。そして事実の確認後、各社に配信する。

それをみた他社が事実確認の電話取材を開始して、広報の電話が一斉に鳴り始める。また、不祥事の重要度によっては、記者が会社前に集まり始める。さて、広報はどう対応するのか。会見をするのか、しないのか。会見するなら発表資料の内容や何時から会見するのか…。記者を外で待たせるのか…、会議室に招き入れるのか…。また、招き入れた場合に広報のなすべきことは…。企業トップと広報が決断すべき事項は多い。

　記者が特ダネを書くときや、会社が不祥事を起こしたときは、夜でも広報部員の自宅に電話をかけてくる。電話口に出る広報部員に緊張が走るが、電話取材する記者は、どのような心構えで臨むのだろうか。

【記者の見方：電話取材】

　事件、事故が大きくなれば、記者も気がはやる。早口になりがちになる。それに備え、メンタル・トレーニングも必要になる。深呼吸などして自ら落ち着かせることも必要だろう。一番注意が必要なのは、記者クラブ等に詰めていると、どうしても日常の行動によって気取られることが多い。やはり、他社に感づかれないように記者クラブ内ではふだんと変わりなく動くことだ。広報担当者と馬鹿話を交わしたり、時間をつくって赤提灯、居酒屋で軽く一杯やるのも必要だ。ポーカーフェイスで何食わぬ顔が出来る肝の図太さが必要だ。まずは、同僚記者にもそれと感づかれないことが絶対必要。

　会社の遊軍とペアを組んで取材を展開するときでも、やたらに自分が取材を進めているテーマを明らかにしない。ペアを組む相手とも社外で会って打ち合わせをするなどの気配りが必要となってくる。取材を進めるうちに、政治部や経済部の力を借りる必要が出てくるときが多い。その時も、同期入社で気心が分かっている記者に「知りたい情報」のみを伝え、取材の全体の意図を気取られないようにする。

　記者クラブを上手に抜け出ることが出来たら大成功。「ジャ、チョット飯でも食ってこよう」とかなんとか大きな声で言って、フラリと抜け出る。外に出れば、自由に取材は出来る。役所内でも、市井でも自分の計画、シナリオに沿って取材を進めればよい。

こうして、日中に取材が出来た、つまり情報を収集できたものを一度整理し、夜回りで最終的に確認、裏取り作業をすることを忘れないように心がけることが重要なポイントとなる。つい最近起きたばかりの、民主党の「ガセメール騒動」の原因は、こうした裏取り作業がスッポリと抜け落ちていたことに端を発するといっても過言ではなかろう。集めた情報が全て「正しい」わけではない。集めた情報が全て「確か」であるということではない。「ガセメール」に登場する人物が本当に存在するのかどうかを一つひとつ確認すること。もちろん、ホリエモンは逮捕されている渦中の人物だから、確かに存在することは間違いない。メールの宛名として指定されている人物の確認と、さらにはその人物に直接合って、「メールが伝えていることが本当にあったのかどうか」を確認することが当然必要となってくる。このような作業を積み上げていくことで、「ガセメール」に登場する政治家の外堀が埋められ、内堀もやがては埋めることが出来て、ようやく「ガセ」の2文字が取れるわけだ。

　他人を追い詰めるには、それだけの努力が当然必要となってくる。このような努力により、「一介の情報」が、徐々にではあるが「光」と「価値」をもつようになり、いわゆる「ニュースバリュー」を生むようになるのである。記者の真髄は、この過程にあると確信できる。よく言われるように、役所や企業の広報担当者がもたらす情報を記事にすることも重要な仕事かもしれない。そのような「情報」は、役所や企業が裏づけを与えてくれたものであるから、仮に利害を被る別の相手方からクレームを受けたときには、役所や企業の広報担当者が十分な後ろ支えとなってくれるわけだ。しかし、自分で集めた「情報」に十分な「価値」を持たせようとする場合、やはりその「情報」を確かなもの、裏取りが出来るものとして発表するには、自分で一連の確認作業をすることが絶対必要となってくる。政治家や役人が、週刊誌やマスコミの取り上げ方に音を上げて、どうにか成立させた個人情報保護法も、いまや立派に一人歩きし始めている時代である。そのような時代に、言いっ放し、書きっ放しの報道姿勢では、まるで通用しないのである。

　特ダネにまつわる記者の見方、心構え、取材手法はこのへんにしておく。

次は、電話対応である。こちらから電話をかけると、当然返答があるわけだ。その際、電話に出た相手に、「〇〇新聞の渡辺です」だけでは、相手が後で問い合わせたくてもできないことになる。そうした事態を回避するには、まず自分が名乗ってから、相手の具体的な職名、姓名を聞くようにすればよい。

　例えば、「広報課の方ですか」「ご主人いらっしゃいますか」だけでは相手を間違えやすい。誤報に繋がる。相手から名前を名乗ってもらうように仕向けるのも電話取材の重要な要素でもある。必要であれば、後刻電話対応者に直接面談をする場合も出てこよう。そうした取材上の「余裕」も欠かせないところだ。

　電話の会話はぶっきらぼうになりがちだが、電話を切るとき「お多忙中のところ、ありがとうございました」という気配りが欲しい。何かあれば連絡してもらえるように、こちらの連絡先（例えば携帯番号）を教えておくことも必要だ。

5. 上りネタ・下りネタ

　不祥事は、地方で発生することも多い。東京に本社のある企業にとって幸い（？）なことは、地方から東京本社に上がってくる記事は、扱いが小さくなる傾向にあること。しかし、東京に隣接する横浜などの案件は、地方ネタでも情報価値がワンランク高いという。

【地方ネタ】
　日本の新聞社の扱う記事に「上り、下りネタ」というものがある。東京本社管内から下って行く事件記事は、他の本・支社版（北海道、名古屋、大阪、福岡など）でも掲載されやすいが、それらの本社あるいは支社から東京本社へ上がってくる「上りネタ」は全国に及ぶ事件の場合は別だが、東京本社版では掲載されることは少なく、掲載されても「段が立たない（ベタ記事扱い）」場合も多い。東京本社版で掲載するには情報価値が低い「地方ネタ」と判断するからである。また、13版で掲載されていても、最終版の14版では落とされているケースも散見される。
　しかし、社会部が主要とする"旬"のテーマである環境汚染、個人情報の流出、医療過誤問題などや東京近郊の大都市の場合などは、地方ネタでも東京本社版では掲載される確率が高くなる。
　また、各紙の東京以外の本社版では、社会部記事が大きく扱われる傾向がある。政治も経済も主要な活動は東京であるため、東京からの下りネタに紙面を取られ、大阪独自のネタを追う社会部の記事が、派手になる傾向にある。
　大企業は全国に支店・営業所を設け事業を営んでいる。仮に地方の支店の下にランクされる営業所で不祥事を起こすと、談話を求める記者からの問い合わせは支店ではなく、直接本社に電話がかかってくる場合がある。「しからば本社では、この不祥事をどう思うのか。コメントをください」といった取材である。また、営業所・支店でも「判断できないので本社で

聞いてくれ」と、答えがちになるからだ。

　新聞社の東京本社管内で起こった企業不祥事、例えば工場火災などの場合では、東京本社の記者と管内の地方記者が連動して取材することもあり、記事の扱いも大きくなりがちだ。工場火災でもトップの経営責任が生じないときには、現地の工場長の会見だけで済む場合もあり、記事も県版で終るときもある。ここでも広報は「不祥事情報の価値判断」を下す必要に迫られる。

【記事の流れ】

　基本的に支局記者が書いた原稿は、本社の地方部に上がってくる。地方部デスク（注4）が目を通した後、整理部に回り社会面か地方面か掲載面が決められる。

　全国紙の各本社間は、記事を交換し合っていて東京本社の記事を、名古屋、大阪、西部（北九州）などの本社にインターネットで流している。政治・経済の記事は、東京本社以外では、地元の政財界を除き東京本社の記事をリライトして採用している。

　全国紙の各社は「紙面交換」を行っている。「紙面交換」とは、刷り上った新聞をお互い交換することで、朝夕刊とも早版を交換している。テレビのキー局には、これらの朝刊が午前3時に届けられ、朝のワイド番組で使われる。

　また、各社の間でも記事を提供し合っている。全国紙と県紙、ブロック紙と県紙、例えば読売新聞は北海タイムスなど二十数紙の県紙（地方紙）に記事を提供し、共同通信社や時事通信社と県紙との契約関係を切り崩している。

第3章　企業不祥事と社会部記者
6. 取材テクニック

　記者は、様々な取材のテクニックを持つ。最初から取材相手に核心を突いた質問は投げかけない。相手のちょっとした表情の変化や仕草までを注視しながら、質問の幅をせばめ、本当に知りたいことに迫って行く。

【奥の手】
　野村証券が、大口投資家などへの損失補填問題で糾弾された平成3（91）年6月、ある中堅証券会社でも、損失補填していたことが、全国紙で明らかにされた。特ダネをものにしたのは、全国紙の兜倶楽部に所属する記者である。
　情報をキャッチしたのは土曜日で、会社は休日だった。そのため広報担当幹部の自宅に何度も連絡したが、家人が「出かけてます」と答えるだけで、取り次いでくれなかった。原稿締切り時間が迫っていることもあり、記者は奥の手を使った。「御主人の会社が損失補填をし、その記事を書きますが、コメントがなければ御主人に傷が付くかも知れません」と伝えると、幹部が約10分後にゴルフ場から連絡してきたそうである。この奥の手は禁じ手すれすれの取材テクニックで、まれにしか使わないそうだが…。
　ある大手企業の脱税に関し、社会部に投書（内部告発）があったときのこと。その企業広報は取材を拒否していたが、社会部記者から「投書してきた人に伝えなければいけませんので…」と言う言葉を信じて広報が応じると、翌朝3段見出しの記事が掲載されてしまった。
　そのほか、広報をわざと怒らせて言質を取る記者。
　最初はとりとめの無い話しをしながら、徐々に一番聞きたいことに触れ、被取材者がイヤな顔をすれば、またとりとめの無い話しに戻す記者。
　取材が終わって被取材者がホッとしたとき、「ところで、あれは……」と聞く記者。
　仮説を立てて、核心に迫ってゆく記者など、テクニックはさまざまであ

る。
　事件記者は、はなから広報が同じ土俵に上がってくるとは思っていない。取材意図を伝えれば、門前払いされる可能性があるので、広報に会うためには、何らかの口実をもうけることもやらざるを得ないのだ。

【新社長人事では…】

　経済部の取材テリトリーで不祥事の類ではないが、大手企業の新社長人事は、広報には頭の痛い案件だ。新社長人事の記事を他紙に先んじて書くことは、記者の勲章である。正確な記事なら編集局長賞ものである。ここでも取材テクニックが駆使される。

　大手と称される会社社長の人事記事が一紙に掲載されれば、他社の記者が広報に問い合わせてくる。ここで広報は困る立場に立たされる。広報が事実を知らされていないことが多く、記者には以下のように回答するしかないだろう。

　①機関決定していません。
　②社長は話した覚えはないといっています。

　社長人事は、経済専門紙の記者は「ほぼ抜ける」と語っている。それは記者発表前に、トップとして金融機関や大株主など、必ず話しておかなければならない立場の人物がいて、記者は日頃の取材で「それは誰か」をキャッチしているからだ。

　それらの人から情報を得た記者は、周辺を取材した後、広報を通さず社長候補に確認電話を入れる。本人が不在で夫人が対応すれば「社長に就任され、おめでとうございます」などと誘導する。ここで「ありがとうございます」と答えようものなら"新社長が固まった"と朝刊に掲載されることになる。肝心なことは、新社長候補は家人にも話さないこと。もちろん、意識的にリークする場合もあるが、それは役所、関連業界の反応を見るといった場合だ。リークするメリットがなければ、現社長は、話さざるを得ない相手にも「他言無用」のお願いをするほかない。

　上記のように「機関決定していません」と答えると、次回の役員会の日程を聞いてくる場合もあり、「○○日の取締役会で内定する。6月の株主

総会で決定する」と書く後追いの記者もいる。

　記者にとって社長人事の取材は、広報ではラチがあかないことがあり、その場合、複数の社が新社長候補の自宅に夜回りを開始する。

　新社長人事や他の大きな情報で一紙にリークするとき「組合などとの話しが決着するまで待ってほしい」と頼んでも無駄。それまでに話しが広がり、他社の耳に入る可能性があるため、広報が望む掲載日の前に記事にしてしまうことが多い。

第3章　企業不祥事と社会部記者

7. 事件記者の夜回り、朝駆け

　事件記者の勤務は過酷である。睡眠時間を削り、朝も夜も駆ける。睡眠中に消防車のサイレンが聞こえると飛び起きて、火事現場を確認してから、また眠りに就く。

【睡眠時間は3〜4時間】

　事件記者は、警察内部に取材ルートの構築をするために、涙ぐましい努力を重ねている。警察の隠語（注5）に通暁することはもちろん、いかに人脈を築くかが取材合戦に勝ち残る方法である。

　社会部には、①官庁などのクラブ詰め記者、②遊軍、③警視庁、検察・裁判所、国税庁担当の記者と分かれる。通常事件記者とはこのうち警視庁、検察、国税庁担当の記者のことを指す。この3地点を結んで"魔のトライアングル"と別称する。各社入り乱れての「抜いた」「抜かれた」「抜き返した」の取材合戦が、日々繰り広げられている三角地帯だ。

　遊軍とは、通常は記者倶楽部に常駐しないで本社にいて企画ものを取材し、大事件が起こると急きょ、スタッフに組み込まれる記者を指す。いま流行の調査報道といった事案も担当する。

　警視庁捜査一課（殺人、強盗などの事件）担当の場合、事件発生現場をもつ方面警察（注6）の所轄署に捜査本部（殺人など重大事件の際に設けられ捜査費は国費）が設置されると、一課長が3日連続（午前11時、夕刻5時とか同8時に定例会見を行う）で、捜査本部の置かれた所轄署を会場にして事件概況を話すが、それ以降逮捕まで、年令などの犯人像や事件経過は公式には一切話さない。

　事件記者は夜回りまでの間、刑事と同じように地取り、面識者の聞き込み取材にあたる。地取り取材とは、事件現場周辺の住民から話しを聞くこと。面識者の取材とは、被害者の知人や取引き業者を取材することをいう。

　これは犯人の侵入・逃走経路や被害者、目撃者の情報を記者自らが足を

使って取材するものなので、夜回りのときには一線の刑事（デカ）が親近感をもって対応してくれ、仲良くなる一番の近道だ。

　自分で得た情報で記事になるものをつかんでも、すぐ記事にはできない。捜査幹部（警部以上）の確認（真実と信ずるに足る条件）が必要だ。これを怠るとガセねた＝虚報が出る（ガセはお騒ガセが語源）。

　捜査がどこまで進んだかを知るには、必然的に夜回りになる。夜回り記者に対応するのも、一課長の仕事である。だが一課長宅には、各社が必ず詰めかけて共同の会見のようになるからあまり役にたたない。それでも捜査に大きな動きがあったときにはキャッチできるし、また他社の動きの片鱗を感じ取ることもあり得るので、欠かすことは出来ない。

　しかし、夜回りするためには、刑事の自宅はどこかを調べるのが課題だ。記者は、刑事を尾行することもある。そうして見つけた刑事の自宅に酒を持参したり、小学生の子供に勉強を教えて奥さんから篭絡したりの涙ぐましい努力が必要となっている。また、ある記者は鉄道人身事故現場で、落ちている肉片を枯枝でつまみ、「これはどこの肉でしょうね」と、刑事に見せて親近感を抱かせたりで、刑事とのルートを開拓し、ここまで来てやっとポツリと犯人像などのヒントをもらえる関係になる。

　かなりの昔、警視庁捜査一課に有名な刑事がいた。その刑事は某新聞社から三種の神器（冷蔵庫・洗濯機・テレビ）の贈り物を受けた。そのうえ出退勤に社旗を立てた黒塗りのハイヤーも提供された。出勤時には警視庁正面玄関で車を降りた。他社の記者はそれを知っても、エライさんにサシたりはしなかった。ヤセがまんして「腐ってもブンヤはカネやモノでネタは買わない。ネタは頭と足で取るものヨ」。他のデカはその某社に非協力、某社のスクープもなかったそうである。いまはどうなってるのか知らないが、事件記者とネタ元との関係を示している。このような話がまことしやかにささやかれるのが、事件記者の世界なのである。

　警視庁にある記者倶楽部である警視庁七社会（注7）、警視庁記者クラブ（NHK、産経、時事通信など）の各社のボックス（部屋）には各刑事の自宅までの最寄り駅や趣味、出身地や家族構成、それに過去に担当した事件などを記したノートが備えつけられてある。それを「ヤサ帳」「ヤサメモ」

と呼ぶ。刑事の自宅を夜回りのため押えておく必要から、尾行までする記者も珍しいことではない。

　夜回りは車で行くが、刑事の自宅手前100～200メートルで停め、他社の車がないかを確認する。自宅前に大勢の記者がいれば、各社の相談で何分かの決まりで各人が家に入れてもらえることもある。また、最寄駅で待ち伏せすることもある。朝刊の締め切りが過ぎて取材相手が帰宅しないことが分かれば、デスクに連絡を入れる。その際、応対に出たデスクから「他社の車がないか」と念押しされ、ようやく記者の帰宅が許される。

　警察より先に犯人の目星をつけることもある。それを警部以上の役職者にぶつけ感触がよければ記事にするが、それが捜査に影響のあるものなら、当局から「お叱り」の電話が入ることもある。

　こうして夜が更け"今日"になり朝駆けをすることもあるから、帰宅しても寝る時間はほとんどない。だからヒマがあれば、いつでもどこでも眠る。優秀な事件記者は、上手にサボる（どんなところでも眠れる）のが得意である。

【警視庁記者クラブ所属記者の一日】

5時	警視庁の記者クラブには毎日、泊まり担当の記者が宿泊している。その記者に、本社社会部デスクの泊まり番記者から新聞朝刊遅番に特ダネ記事が掲載されていないかどうかの連絡が入る。掲載されていた場合は、すぐにファクスでその記事を送ってもらい、警視庁の泊まり明け番の記者から担当記者の自宅に電話を入れ後追いをすべきかどうかの判断を任せる。警視庁記者クラブがカバーすべき案件は刑事部ばかりではなく、公安関係の事件、麻薬や大麻、拳銃密輸等の防犯関係の事件など幅が広い。泊まり番(泊まり明け番)の初動は重要な位置づけにある。

6時半	泊まり明け番がようやくベッドから出て、1日の行動開始。
7時半	記者クラブを切り盛りしてくれるクラブ詰めの女性たちが出勤。朝刊が配られる。社会面を隅々まで眼を通す。
	朝駆けをする記者は、担当刑事が自宅を出て通勤電車の最寄り駅にたどり着くまでに、平行して並んで歩き、必要な情報収集を行う。
10時過ぎ	警視庁詰めの担当記者たちが出勤してくる。
10時半	警視庁記者クラブのキャップ(社会部デスク同等)が出勤してくる。キャップは、朝刊締め切り（降版時間）の午前1時15分まで記者クラブに残り、夜回りの記者たちが上げてくる情報をチェックしてから帰宅するので、出勤はこの時間になってしまう。キャップは大体40歳代後半が多い。テレビは若干若く、40歳代前半。
11時	刑事部、公安部の担当課長による午前の定例記者会見が始まる。前日1日にあった出来事のうち、大きいものを発表する。その大部分は、警視庁広報課によってその都度広報されているので、担当記者はきっちりとはメモしなくてもよいシステムになっている。公安部の会見は、一風変わっていて、担当課長はその日によっては一言も口を開かないこともある。ただ、お互いに顔を見るだけということで時間が過ぎていくことが多い。課長のほうは、現在なにを捜査しているのかを記者に悟られないようにすることが「役割」と心得ているようだ。記者側も、自分が何を狙ってい

るのかを他社の記者に悟られないようにするため、こちらも一言も口を聞かないのだ。午前の定例記者会見で何事もなければ、明け番の記者は、担当に戻る。例えば、方面（警視庁は都内を8方面に分けて警察署を管轄している。1方面は丸の内署を中心とした都心部であり、6方面は上野署を中心とした下町を指す。7方面は深川署を中心とした地区となり、8方面は三多摩、町田の広大な都下地区をカバーエリアとする）担当であれば、そのまま方面の中心警察署に設置している記者クラブに戻り、取材を続け、夕刻に帰宅する。また、警視庁詰めの記者であれば、そのまま警視庁記者クラブの自社ボックスに残り、やはり夕刻まで仕事をこなし帰宅する。

13時半 夕刊の降版協定時間（13時15分）が過ぎると、記者クラブの緊張もようやく和らぎ、「そろそろ昼食をとりに出よう」ということになる。2人、3人と別れて記者クラブを出る。そのまま、取材に出る記者が多い。

ひとたび殺人事件などが発生すると、かつてはポケットベル、現在では携帯電話に連絡が入り、現場に急行する記者、あるいは所轄警察署に向かう記者などの指示が出される。大きな事件だと、所轄警察署に「捜査本部」が設置され、ここで捜査一課長が3日間午前11時と午後5時あるいは午後8時ごろ記者会見を行う。これは主に、テレビのニュースの時間を配慮しての記者会見の時間設定となっているようだ。

17時ごろ	それまで外で取材を続けていた記者たちが、警視庁記者クラブの自社ボックスに戻ってくる。簡単な打ち合わせや経費の処理を行うものもいる。
19時過ぎ	NHKの19時のニュースを見て過ごす。特ダネ記事がなければ、めいめい夜回りの車を取って、夜食を食べに出る。そのまま夜回りに出る記者がほとんど。地検担当者との打ち合わせがあったりすると、警視庁キャップ、あるいは司法記者クラブキャップも同席することもある。
21時	夜回り先に向かう。他者の動向をうかがい、注意して目的の刑事さんに接近する。
24時過ぎ	刑事部一課（殺人、傷害、放火、誘拐等）担当記者は一課長の官舎に向かい、課長の帰りを待つ。手持ちの収集情報があれば、帰宅したばかりの一課長に情報を当てて、感触をうかがう。刑事部二課（汚職＝利益供与、知能犯等）担当記者は二課長の官舎に向かう。内偵中の事件情報の有無を確認するのが大切な仕事となる。他社に感づかれないようにする。最終的に、これまで収集した情報を基に特ダネにする際は、礼儀として担当課長にはそれとなく記事化することを通告する場合もある。
25時半	夜回りを終えた記者から帰宅する。それまで記者クラブの自社ボックスで待機していたキャップと軽く酒を飲む者もいる。後は、泊まり番の記者に任せる。
26時半	就寝

【国税庁記者クラブ所属記者の一日】

4時半　新聞朝刊遅版の配達を待って、国税関係の記事を確認。抜かれ記事がない場合は、このまま布団にもぐり、短い眠りにつく。しかし、本日は、難しい価格移転税制に関する記事が1面トップで抜かれていた。A社が槍玉に挙げられていた。

5時　ラジオのスイッチを入れる。抜かれ記事の場合、比較的追っかけの容易なものは、新聞のリライトで済ませるこのラジオ局も、本日の移転価格税制に関する初適用に関しては、沈黙。容易ならざる胸騒ぎを感じて、出かける準備にかかる。昨日の深酒の匂いが体から発散。

6時　通勤電車に揺られ、ひとまず東京国税局のある大手町に向かう。(なにもなければ、8時半ごろの電車で、悠々出勤なのだが)

7時半　大手町の東京国税局3階、広報室長のデスクに直行。室長は出勤していない。ほどなくして、室長が姿を見せる。「朝刊に出ていたのは、局の案件?」と単刀直入に質問。室長曰く「とんでもない、あれは庁マター、あるいは大蔵マターかもね」と言い放つ。

8時15分　急いで、大蔵省(現財務省)5階、国税庁記者クラブに入り、広報室長らを探す。担当部署がどこなのかを問いただし、直接折衝を試みる。しかし、出勤したばかりの職員達は「上司の口から説明を聞いてほしい」の一点張り。局長の出勤を待つ。

10時過ぎ　ようやく局長が出勤。記者クラブが簡単なブ

リーフィングを行ってほしいと要請。渋々、この要請に応じて、担当局長が記者クラブに顔を見せる。この記事をスクープした記者は、もちろん記者クラブにはいない。いまごろ、別の案件の記事でも書いているか、あるいは、スクープ賞にありついているかも。

11時半 局長のＡ社サイドの話などを基に、ようやく抜かれ記事の後追いを終える。急に疲れが出てきたと同時に、二日酔いで、気分が悪くなる。記者クラブのソファーで、小１時間、寝る。

13時 遅い昼食。抜かれた日には、いつも朝食抜きで、初めて口を通る食事も、まずいものに。

15時 証券会社の調査役などを回る。意味不明な資金が、最近証券筋に流れているようだ。マネーロンダリングのためか、警視庁などがマークしているとか。別サイドで、国税局も動きが急。どこかの記者がこの動きをキャッチしてはいないかと、内心ビクビク。

16時 よく知っている「情報屋」と連絡が取れ、兜町で仕入れた情報が、どんな筋のものかの「値踏み」をしてもらう。この情報屋は、ふだん警察、検察に顔が聞くといっていたが、なるほど、兜町からの情報について、耳にしたことがあるというし、検察も極秘で動いているという話もしてくれた。

17時 国税庁記者クラブに戻り、知らん振りして、冷蔵庫からビールを１本取り出し、１人で飲む。広報室長が顔を見せたので、「一緒にどうです」と誘う。８時すぎまで、記者クラブで４〜５人の記者仲間、広報室長、広報課員たちと、

	世間話をしながら飲む。
21時	警視庁や裁判所（検察担当）の記者を誘って、晩飯を食べに出る。それぞれ、夜回りの車に分乗して、目的地の築地に向かう。すし屋だが、値段はすこぶる安い。食事をしながら、情報を交換し、それぞれ均一の情報を頭にぶち込み、夜回りに出る。
22時半	査察部長の自宅に張り込む。家族は「本日は遅いと聞いております」との答え。
23時半	査察部長はまだ帰宅しない。
24時	まもなく日付変更線を越える。丁度そのとき、黒塗りの車が横付けされ、査察部長が帰宅。こちらが近づくと、部長は「着替えるまで、ちょっと待ってくれ」。私が「立ち話で結構ですから」と仕向けると、部長は「いや、落ち着いて、君と話をしたい」と、頑として聞かない。
24時半	査察部長「お待たせ。入ってくれ」。応接室に案内される。ウイスキーの水割りが出る。私が「兜町で、不思議な金が出回っているようですね」と切り出すと、部長は「ちょっと待ってくれ、不思議な金といっても、こちらが把握している筋と同一なのかね」と、逆に確認される。「いろんな筋からの金が入っているんですか」。部長「そりゃあそうだよ。ひとつひとつ、解明していかないと、その背後にどんな悪がわなを仕掛けているのかをクリーンにあぶりだすことは不可能だね」。暴力団や金融ブローカー、仕手筋などが、表にできない金をそれと知りつつ大博打を打っている。証券

会社も、仕方なしに黙認している。ウイスキーの酔いがそろそろ回ったかなと思ったとき、部長が「君がつかんでいる筋は、○○なんだよ」と、誰に言うでもなくつぶやく。私も、聞いている風でもなしに、生返事で応答する。私が「そろそろお邪魔します。もう少し、調べてきますよ」といって、席を立つ。

25 時半　　査察部長宅を出て、待たせてあった夜回りの車に入る。社内のランプをつけ、いまの部長宅でのやり取りをメモ帳に書き写す。重要な証言を得た。明日、もう少し調べて、データを積み上げさえすれば、紙面化できる。軽い興奮を覚えながら、帰宅の途へ。

26 時　　就寝

【地方記者】

全国紙では、支局に配属されている記者のことを地方記者と呼ぶ。

支局の「泊り番」の記者は、朝6時には起きて、他紙に抜かれていないかチェックする。

県警担当記者は、午前9時頃、県警の記者クラブに入る。そして、深夜から早朝にかけて発生した事件を確認し記事にするときは、所轄署の副署長か泊り長（警視庁では「起き番監督」と呼ぶ）に取材し記事にする。

記者クラブに行かず支局から直接、所轄署に深夜から早朝にかけての「動き」を聞き出して記事を書くこともある。9時30分から10時頃には、その業務が終る。

あるチカン事件で、会社名を入れずに送稿していたが、1週間に3度、同じ会社の別の社員がチカン事件を起こしたときは、「この会社に何かが起こっている」と判断して、社名を入れて記事にしたことがある。

県警の刑事部長との会見はあるが、他社に手の内を見せないため、各社の記者はほとんど質問をしない。警視庁（一課と二課は毎日、定例会見）

や府警本部もほぼ同様だ。

「大阪府警４課（暴力団など担当）を２年間、担当したが一度も休日は取れなかった。連日、夜回りの日々。会社を辞めようかとも思った。『抜いた』『抜かれた』の世界。夜回りのとき、ひとつの質問をし忘れたために『特ダネ』を落としたこともある」と、ある通信社記者が回想する。

県警本部の主な組織と役割

県警本部長
├─ 総務部長
│ ├ 総務課：県議会対策など
│ └ 広報課：マスコミ対策
├─ 警務部長
│ ├ 警務課：人事
│ └ 監察官室：警察官の不祥事、賞罰
├─ 生活安全部長
│ ├ 少年課：少年事件
│ ├ 銃器対策課：拳銃事犯
│ └ 生活経済課：生活の安全に密着した経済事犯
├─ 地域部長
│ ├ 自動車警ら隊：無線自動車警らでの各種犯罪の予防
│ └ 鉄道警察隊：鉄道施設での警ら警戒活動
├─ 刑事部長
│ ├ 捜査一課：殺人、強盗、放火、誘拐
│ ├ 捜査二課：汚職、詐欺、横領
│ ├ 捜査三課：窃盗、スリ
│ ├ 捜査四課：暴力団
│ ├ 鑑識課：指紋、足跡の採取
│ └ 科学捜査研究所：犯罪捜査に関連する鑑定および検査
├─ 交通部長
│ ├ 交通企画課：交通対策の企画、立案
│ ├ 交通機動隊：重大な交通事故事件の初動捜査
│ └ 高速道路交通警察隊：高速道路で交通事故事件の捜査
├─ 警備部長
│ ├ 公安第一課：過激派
│ ├ 公安第二課：労働争議
│ ├ 公安第三課：右翼対策
│ ├ 警備課：要人警護、災害対策
│ ├ 外事課：スパイ、密出入国事件
│ └ 機動隊：デモ、災害出動
└─ 警察署長

第3章　企業不祥事と社会部記者

8. 特ダネ記事の見分け方

　事件や不祥事は警察、検察のほか、郵政監察局、税関、国税庁（税務署）、労働基準監督署、麻薬取締官事務所、証券取引等監視委員会、公正取引委員会などの役所も扱う。これらの役所で扱う事件は、検察庁に告発・送致され起訴、不起訴かどうかが判断される。

　記者がこうした役所から、他社より先に情報を得て書く特ダネや独自ネタは「○○する方針を固めたもよう」といった表現をするケースが多い。理由は情報源を隠すためだ。

　同様に、重要発言を引き出すためには、政権を担う政党や内閣の要人名を伏せて掲載することもよくある。

【特ダネ、匿名記事の見方】

(1)「○署の調べで○日に分かった」

　特ダネ記事のときに書く「分かった」の本当の意味は「○日の夜回り、朝駆けで○○署の刑事が教えてくれた（聞き出した）」が、正しい。

　特ダネのときは、他社を混乱させるため、わざと事件発生場所を違えて書くときもある。

　また、他紙やテレビメディア等に「抜かれた」場合にも使う。通信社の場合は、紙面を持っていないので、速報が勝負となる。その「特ダネ」を見て新聞各社、テレビ各局は「自前のニュース」に仕上げてしまうので、通常の記事スタイルを使用する。業界内部では、どこの通信社が抜いたニュースだということはうわさになるが、新聞紙面を見る読者、あるいはテレビニュースを見て情報を聞く視聴者には通信社の存在まではあまり関係ないようだ。

　この他、他社に抜かれ後追いの取材をしてその内容が正しいと確認した場合にも「○日までに分かった」と書く。各紙に「○日までに分かった」と書かれていれば、通信社の特ダネである場合が多い。

(2) 「〇〇新聞の調べで分かった」の場合

　警察など捜査当局の情報に頼らず、新聞社が自社の責任で行う調査報道（注8）など「独自調査」のときに使用する。

(3) 「関係者（など）の話で分かった」と書かれている場合

　（など）が入っている記事は、事件の中心人物や関係者の取材の他に、警部以上の捜査当局幹部に確認し確証が取れ、書いても問題がない場合に使うし、国税庁絡みの脱税とか申告漏れ等の記事のときもこのようなスタイルで記事が仕立てられる。国税庁の職員には、特に守秘義務が厳しく課されているため、後に国税庁の担当者が該当企業、あるいは個人からの訴追を免れるためにこのようなスタイルとなっているようだ。また、端緒は国税局でも、周辺取材を積み重ねなければならないため、ニュース源を特定しないための技法でもある。

(4) 政界、官界関係の記事でも発言主体を明らかにしないで、書かれている場合が多い。これは、政治家が「記者懇談」をしょっちゅう開き、取り巻きの記者たちに派閥が現在の政治状況をどう解釈しているかを解説している。いわゆる派閥記者たちに情報を提供しているため、その発信源をずばりとは書きにくい面があるようだ。

　記事に「政府首脳」とあれば内閣官房長官のことをいう。

　「政府」とあれば、それは〇〇省、内閣、政府与党などが情報源だ。

　「政府筋」は内閣官房副長官を指す。

　また、「〇〇省首脳」とは大臣か事務次官、「〇〇省幹部」なら審議官や局長クラスのことである。

　「〇〇党首脳」と書かれていれば幹事長、「〇〇党幹部」のときは、〇〇党の役職者など誰でも使用する。

　また、編集各部から出稿される記事が、どの紙面に何段組の見出しで掲載されるかは、編集局の意志が働いていて、情報価値（ニュースバリュー）を見分ける判断材料になる。重要な記事は1面に、次いで総合面に。全国紙の場合、1面のおおよそ6割は社会部が出稿した記事で埋められるものだ。

《用語メモ》

（注１）
特ダネ

特ダネとは、他社より先に隠されていた真実を報道すること。

特ダネ記事の紙面は、5W1Hで構成される本記のほか、それを受けて雑感、解説記事のセットで掲載されることが多い。雑感とは、事件、事故周辺の人々の表情やコメントでまとめた記事。解説は、社会的背景やその事案についての影響などを掲載する。本記は１面、雑感は社会面、解説記事は３面に掲載される。

（注２）
２ちゃんねる

インターネット上の掲示板サイトのこと。接続した人が、自分の名前を隠して、告発情報やさまざまな意見を書き込むので、情報の信頼性に問題がある。社会部記者も、「２ちゃんねる」を日々チェックしている。最近では日記風の「ブログ」が「２ちゃんねる」以上の告発情報が掲載されているとの評価もあるが、情報の出し手が匿名であり信頼性に欠けるのは同じだ。

（注３）
ブログ

個人、少数のグループで運営され、日々、誰にでも手軽に更新できるWebサイトの総称。「Weblog」が切り離されて「blog」（ブログ）と呼ばれるようになった。

（注４）
デスク

デスクは記者クラブに常駐せず、本社編集局の各部に内勤し記者の原稿をチェックし、追加取材を指示する。新聞社の場合、政治部、経済部などの各部にデスク（役職名では◯◯部次長、◯◯部副部長）が置かれ、ローテーションで夕刊と朝刊のデスクを担当する。

(注5)
警察の隠語

警察隠語には「いなおり」「がせ」「たかり」など、日常生活でも一般化されて使われているが、主な用語を紹介する。

ア行
【あか】放火
【あかいぬ】放火のこと 「あかねこ」「あかうま」ともいう
【あかぼり】「あか」が女を指すことから、婦人警官、「すけひね」ともいう
【あご】（イ）覚醒剤の注射液 （ロ）「顎」から、食料または食事のこと
【あごとり】取調べ 聞き込み
【あごばり】否認すること
【アシ】足跡（行動経路）
【あひる】制服巡査 「がちゃ」ともいう
【あみ】非常線
【あら】刃物
【洗い出し】事件関係者への聞き込み
【洗う】犯人を調べ出す
【あんばこ】「暗い箱」から留置場のこと 「かいば」、「ぶたばこ」ともいう

【いあき】居空き 家人が在宅中に侵入する窃盗の手口のこと
【いかもの】にせもの
【いたち】すばやいことから、俊敏な刑事
【いたちょう】刑事巡査部長
【いなおり】窃盗がばれて強盗になること
【いぬ】警察に密告する者、諜者

【うかんむり】窃盗
【うけ】女の陰部 「おはち」、「やち」ともいう
【うたう】自供すること
【うりこみ】密告のこと 「たれこみ」、「ちくり」ともいう

【S（えす）】スパイ 情報提供者
【えんこ】（イ）腕、手、小指 （ロ）公園、特に浅草の公園のこと （ハ）女の陰部 （ニ）縁故者、関係のある者

【えんこばらす】女と手を切ること

【おおぶね】巡査部長
【おき】人質、質置のこと
【おしこみ】侵入強盗
【おしどり】二人組みのスリのこと
【落とす】自供させること
【おもや】警察署が離れなのに対して、警視庁、警察本部のこと 「かいば」（動物を飼う場所）は警察署か留置場
【おやひげ】警察署長昔の署長はかならずヒゲを生やしていたことから「あたま」ともいう

カ行
【かあこう】刑事、巡査。昔の制服の色からカラスと言われ、それが転じて しつこく食い下がることから、「なんきんむし」ともいう
【がいしゃ】被害者
【かごぬけ】銀行や会社を舞台にした詐欺
【がさ】家宅捜索のこと 「さがす」の反転から「がさいれ」「がさをかける」とも
【がせ】ウソの申告 にせ（騒がせから）
【ガセネタ】ニセ情報
【がせびり】売春婦のこと
【がた】警察官に抵抗すること
【かつあげ】恐喝
【かぶら】否認すること 「かぶり」ともいう
【カツ】恐喝
【かまれた】捕まった
【かり】一斉検挙のこと 「狩り込み」から
【かりしゃく】仮釈放
【管区】駐在所に勤務する警察官のこと
【かんもく】完全黙秘

【きす】（イ）清酒 「きすをひく」で酒を飲む 「きすぐれ」は泥酔する 酒好きは「すきもろ」 （ロ）空き巣のこと

【汚い事故】交通事故で、原因のはっきりしていない事故
【きゅうをすえる】放火をすること
【きゅうだゆう】弁護士のこと 「九太夫」から
【きれいな事故】交通事故で、原因のはっきりしている事故

【くつがさね】男の靴を重ねて隠すことから、不倫
【首付き】拳銃所持犯人も一緒に警察の生け贄になる（する）こと
【首無し】拳銃を提出する際に、コインロッカーなどに放置して、警察に通報するやり方
【ぐに】質のこと 「ぐにこむ」は入質すること 「ぐにや」は質屋 「ぐにもん」は質草
【くらいこむ】留置すること

【けっし】尾行
【けつをあらう】前科を調べること
【げそ】足、履き物のこと
【げそがあつまる】人が多く集まること
【げそがつく】犯行がばれること
【げそをはく】逃げ延びること
【げんちゃく】現場到着

【ごく】刑務所 「ごてん」「べっそう」ともいう
【ごろ】暴れること　喧嘩すること
【ごろつき】暴れる人
【ごろば】警察署、役所役人がごろごろいることから
【こます】ごまかすこと
【ごんぞう、ごんすけ】組織運営の足手まといになる人（警察官）
【ごんべん】詐欺 「詐」のつくりから

サ行
【さか】大阪 「さかもの」は大阪のもの
【さかさくらげ】連れ込み旅館
【さぎあけ】宅配便などを装って侵入する強盗の手口
【さんずい】汚職事件、知能犯事件のこと贈収賄も

【しかとう】とぼける、無視をする　花札のもみじは鹿で十　その鹿が横を向いているから

【じどり】地取り犯行現場周辺の聞き込みや遺留品捜し
【しゃぶ】覚醒剤
【しゅうと】侵入する時うるさいため

【すけ】情婦のこと 「すけなお」ともいう
【すずめ】強姦のこと

【ぞろ】盗んだ品物

タ行
【たがす】泥棒　窃盗のことは「たぎす」ともいう
【たかり】強要　恐喝
【たたき】強盗 「たたき起こす」ことから
【たなかい】万引き 「棚を買う」意
【だふや】入場券などを正規ルート以外で高く売ること
【たま】犯人 （「ほし」ともいう）
【たれ】被害届
【たれこみ】密告
【たんとう】留置場の看守巡査

【ちゃか】拳銃　真正拳銃のことを「まぶちゃか」というらしい

【つつはらい】小便をする
【つめたいの】覚醒剤 「まつ」「らむね」ともいう

【てがながい】盗むくせがあること
【てきや】香具師　露天商
【てっちん】駅のこと

【どす】短刀
【とび(とんび)】路上強盗 「とんび」ともいう。歩きながらさらうから
【取る】逮捕すること
【ドリンク】ノミ行為のこと

ナ行
【ながし】犯人とは無関係なところで行なわれる犯罪
【ながばこ】列車
【なこ】ヘロイン　粉の反転

【にほんばし】便所
【にんじん】警察活動に使用する赤色灯
【ニンチャク】人相と着衣
【にんべん】偽造

【ぬく】ごまかすこと

【ねた】証拠
【ねむらす】殺人

【のがみ】上野 「のうえ」ともいう
【のび】忍び込みの泥棒「のびこみ」とも
【のみや】もぐりの場外馬券屋

ハ行
【パイ】釈放
【ばいきる】窃盗幇助のこと
【ばくる】捕まえること
【初荷】新年度初の身柄（逮捕者）
【ハム】公安警察 「公」を分解したもの
【ばらす】人を殺すこと
【はる】張り込み
【ばんこ】交番「下駄箱」とも
【ばんしょ】裁判所

【ひきあたり】容疑者を連れて犯行現場を調べること
【秘密の暴露】犯人しか知りえない事実
【ビラ】逮捕状

【ふけ】警部
【ぶけほ】警部補
【ぶらんこ】列車の座席横にかけられたコートなどの上に自分の服をかけ、その下のコートのポケットから財布などを抜き取る手口

【ペア】相勤者

【ほうすん】主任刑事
【ぽすと】立ち番をしている制服巡査

マ行

【まえ】前科 「ぽつ」ともいう
【まえもち】前科者
【まち】待機していること
【まとり】麻薬取締官
【まぶ】本物 そこから「まぶい」は良い、美しい
【マメつき】暴力団などが、拳銃を弾丸と一緒に提出する場合のこと 「子どもつき」ともいう
【マメどろぼう】婦女暴行 強姦（女性の陰核を「マメ」と呼んでいることから）
【マメなし】拳銃本体だけ出すこと
【マルさつ】殺人事件
【マル対】保護対象者 警護対象者
【マルB】暴力団 （「マル暴」ともいう）

【みいり】財布のこと 「みいりがある」は稼ぎがあること
【みまいにいく】盗みにいく
【みやいり】迷宮入り 未解決事件

【むくどり】詐欺、賭博の被害者 椋鳥は取られやすいところに巣を作るため
【むこいり】盗犯 他人の家に入るから

【めん】顔
【面通し】犯人かどうかの確認
【めんわり】容疑者の顔（写真）を見せて本人かどうかを確認する

【もがき】寝込んでいる相手から金品を盗むこと
【モサ】スリ係の刑事のこと
【もんもん】刺青のこと 「もんもんをしょっている」は背中に刺青をいれていること

ヤ行
【やえんば‥】密告者のこと
【やさ】住所 住居 居宅
【やっぱ】どす、匕首（あいくち）、小刀のこと 「や」ともいう
【宿帳】逮捕・勾留令状
【やまみ】犯行現場の下見

【ゆるふん】無力な者のこと

【よいあき】黄昏時の空き巣狙いのこと
【よこ】横領
【よろい】利益のこと
【ヨンパチ】警察が逮捕した後の、４８時間の身柄拘束こと。

ラ行
【れつ】連れ　共犯者
【レンコン】回転式拳銃（リボルバー）のこと

ワ行
【わたりをつける】交渉する
【ワッパ】手錠のこと

(注6)
方面本部と記者室のある警察署（一部を除いて常駐記者はいない）

第一方面　丸の内警察署　　　千代田区、中央区、港区
第二方面　大崎警察署　　　　品川区、大田区
第三方面　渋谷警察署　　　　渋谷区、目黒区、世田谷区
第四方面　新宿警察署　　　　新宿区、中野区、杉並区
第五方面　池袋警察署　　　　練馬区、板橋区、豊島区、北区、文京区
第六方面　上野警察署　　　　台東区、荒川区、足立区
第七方面　本所警察署　　　　墨田区、江東区、葛飾区、江戸川区、
第八方面　立川警察署　　　　八王子、三鷹、府中、青梅、町田など

(注7)
警視庁七社会

　加盟社は朝日、毎日、読売、日経、東京、共同通信の６社。７社に１社足りないのは、「時事新報」が戦後まもなく経営悪化で産経新聞に吸収された際に、産経新聞に加盟資格があるかどうかで激論となったが結局、加盟させなかった経緯がある。

（注 8）
調査報道

　権力側である警察当局の発表に頼らず、記者が独自に調べて確証を得てから報道機関の責任で記事にするキャンペーン（調査）報道のこと。そのため、各社では、記者倶楽部に属する社会部記者以外に事件から企画まで扱う遊軍記者を多くしている。警視庁の担当記者は最近、事件取材に特化している。方面警察へのサツ回りも、キャンペーン（調査）報道に力を入れているため減ってきている。

　キャンペーン（調査）報道は、朝日新聞のリクルート事件（88年6月に朝日新聞の横浜支局の記者たちがスクープした構造汚職疑惑）、薬害エイズ事件（82年7月20日に毎日新聞が日本で最初のエイズ報道）や発掘ねつ造事件（平成12（00）年11月5日、東北地方を中心に数々の旧石器遺跡を発見していた東北旧石器文化研究所の副理事長が、発掘現場で事前に石器を埋め、後からそれを掘り出して「石器発見」と偽っていた事件）など、新聞が独自に事件を掘り起こし、警察のほうが後追いして状況を変えていった。

第 4 章
事例にみる企業不祥事

広告の品
牧歌牛乳
158円
お客様へ
牛乳・ヨーグルト等の『雪印商品』は、
安全性が確認されるまで、販売を中止
させていただきます。

第4章　事例にみる企業不祥事

　昨今の企業不祥事を観察すると、不祥事を引起したことによる一次的損害に加え、対応の不慣れから二次的損害を誘発させている企業が散見される。これは経営幹部が過去の事例を学んでないこと、メディアの特性や社会意識の変化などに無関心であることと無関係ではあるまい。

　この章では、企業不祥事の事例を具体的にみることにする。そうすることで、より現実感をもって実体験できるからだ。新聞記事、テレビニュースの背景には、企業広報部の幹部、従業員と記者との虚々実々の熾烈なやり取り、駆け引きが存在することを読者の多くは知ることになろう。

　事件や事故では、記者は真実を知ろうと、捜査機関ばかりでなく、会社幹部や広報部員の自宅、また容疑者の友人、知人の自宅にまで夜回りを行う。時には、報道陣が大挙して押し寄せ、集団的過熱取材（注1）と批判を受けたり、あるときには、新聞記事や報道写真の内容次第で、名誉毀損（注2）、プライバシー権（注3）、肖像権（注4）などの人格権を問われ、裁判に持ち込まれる場合もある。

　平穏であるはずの会社を取り巻く環境が、一転して騒然としたものに変わってしまう。こんな中で、新聞やテレビ、雑誌記者の取材攻勢を受けるわけである。修羅場のような環境で、会社の幹部たち、広報部署の担当者たちは、果たして冷静な対応ができていたのであろうか。この章では、事例ごとに検証をして、読者の前にその結果を提示したいと考えている。

第4章　事例にみる企業不祥事
1. ゼネコン汚職

【事件の概要】
　ゼネコン汚職は、大手・準大手のゼネコン各社が、政治家や自治体首長への裏献金を通じ、公共工事を有利に受注するもので、①受発注システムが不明朗、②必要性を問われる成果物が多い、③建設コストが高い、など

の問題点が指摘されていた。平成5（93）年6月に摘発されたゼネコン汚職は、政官業の癒着構造をあぶりだしたが、この汚職は前年の平成4（92）年6月、検事総長発言で、すでに摘発を予感させていた。

「要人発言は、常に注意が必要だ。平成4（92）年6月24日の検事総長の言葉には"検察意志"が表れていた。

また、バブル経済ピーク時の89年末、当時の日銀総裁がオフレコの記者会見で『現在の株価は5,000円高い』と発言した。この発言には実効性は別にしても、『株価を調整する施策を採る可能性がありますよ』という意味を含んでいた」（兜倶楽部記者）

A社は、地方自治体の3ルートで逮捕者を出したが8月12日、逮捕者の起訴を受けて記者会見を行い、広報的には一区切りをつけた。

この間、A社広報部にはテレビ局、新聞社、通信社、雑誌記者などのマスコミが殺到、広報部員の自宅にも電話取材、経営幹部の自宅への夜回りなど、その対応に忙殺された。事件が拡大し、新たな逮捕者が出た段階や起訴された時点などの節目で、記者会見を実施した。

ゼネコン汚職は、旧聞に属する事件だが、現在もなお福島県発注の公共工事を巡る談合事件（06年8月）などが相次いで摘発されていることから、広報がどう対応したか、記者がどのような質問で追及するのか、参考になると思われるので触れておく。

【事件の経過】

平成4（92）年3月
・東京佐川急便の特別背任事件は「当社から約130名の政治家に700～800億円の金が渡っている」と、逮捕された役員が供述、焦点が政界への金の流れの解明に移った。

5月7日
・細川護熙（前熊本県知事）が、日本新党構想を発表。

6月24日
・全国の検事長、検事正らが一堂に集まる会議で岡村検事総長（当時）が「史上空前の大規模な不正金融などの経済関係事犯、巨額の脱税事犯、

国会議員などの特別職（汚職）事犯などが後を絶たない」などと指摘、現在捜査を進めている東京佐川急便事件などを念頭にし「適時、適切な検察活動を推進し、国民の負託にこたえられたい」と、強調した。

8月27日
・金丸信（当時：自民党副総裁）が、東京佐川急便の献金問題で辞任。

平成5（93）年3月6日
・東京佐川急便の捜査を進めていた特捜部は、金丸信らを所得税法違反で逮捕。次いでゼネコン10社を家宅捜索。

4月8日
・捜索を受けたゼネコン3社の社長が建設記者クラブで会見し、裏献金を否定。

6月21日
・武村正義ら10名が自民党を離党し、新党さきがけを結成。

6月23日
・小沢一郎ら44名が自民党を離党し、新生党を結成。

6月29日

7時	・NHKが「仙台市長へゼネコン4社首脳が裏献金」のニュースを早朝から流す。産経新聞が朝刊一面トップで報道。
7時30分過ぎ	・マスコミ各社約30名の記者、カメラマンがA本社前で、東京地検の家宅捜索を待ち受けていた。
10時	・株主総会を本社会議室で開催。出席株主は約180名。NHKが「仙台市長が収賄容疑で事情聴取、容疑が固まり次第、逮捕へ」と報道。東京地検が、同じ内容を発表した。
10時10分	・東京地検特捜部の検事数名がA社に来訪、総会開催中のため会議室で待機。

10 時 30 分	・株主総会終了。
11 時	・総会後の取締役会を役員会議室で開催、昼食休憩を取る。2 階会議室を記者の控室に設定。
12 時	・控室に詰めていた記者が騒然としだした。広報から「当局において捜査中のことであり、コメントは差し控えたい」と発表。
13 時	・取締役会を再開。
13 時 30 分	・広報部が控室の記者に「午後から再開した取締役会に 2～3 名の役員が出席していない。名前は言えない」と発表。
13 時 30 分過ぎ	・特捜部の係官が本社の家宅捜索を開始。東京地検が記者会見。「仙台市長を巡る贈収賄容疑で 9 名を逮捕」と発表。A 社から経営トップを含め 3 名の逮捕者を出した。
16 時 25 分	・本社会議室で、専務が記者会見。会見の冒頭に「事態に大変困惑している。容疑が事実でないことを願っている」とコメントし、質議応答に入った。60 名以上の記者が出席、TV カメラのライトが煌々と照らすなか、鋭い質問が飛び交った。

【記者の質問】

・容疑事実を認めるのか
・裏献金の有無は
・受注活動にこのような金が必要なのか
・逮捕された 3 名を背任や横領で告訴するのか
・会社ぐるみでないのか。もし、そうでないとすると、なぜそう言えるのか
・社内で他に誰かが関与したかどうか調査しているのか
・今後の経営体制をどうするのか

・逮捕者3名の役職辞任の経緯はどういうことか
・公共事業の指名停止など今後の業績に与える影響も大きいと見られる。株主にどう説明するのか
・銀行からの役員派遣はどうか
・他にも事情聴取を受けているのか
・逮捕された役員は個人的に贈賄をしていたのか
・誰がどの件で何を聞かれたのか
・相次ぐ不祥事についてどう考えているのか
・東京地検が役員を逮捕したが、会社として争うのか
・信頼回復すると言うが、具体的にどう改善してゆくのか
・談合などのいわゆる業務役員は今後も置くのか
・今後も、政治献金をするのか
・株主代表訴訟の動きについてはどうか
・他の自治体でもあるのではないか

LPG施設の受注に絡み、特捜部は仙台市長とゼネコン4社のトップら9名を贈収賄容疑で逮捕。4社はそれぞれ本社で夕刻に記者会見。建設省は4社に対し同省の発注工事で指名停止を発表。

7月18日
・第40回総選挙で、自民党は過半数割れを喫し惨敗した。

7月19日
・特捜部が仙台市長を収賄、A社など4社の5名を贈賄の罪で起訴した。
・同日、仙台市に次ぎ茨城県B町のスポーツセンター発注をめぐり、町長を受託収賄容疑で、A社役員らを贈賄容疑で逮捕した。建設省はA社に対し、新たな指名停止処分を発表。

7月23日
・特捜部はダム工事などをめぐりA社から1,000万円を受け取ったとして茨城県知事を逮捕。A社の専務が午後10時すぎ建設省で記者会見。

8月6日
・細川護熙を首相とする非自民連立政権が誕生。

8月12日

・A社役員が起訴されたことを受け、専務が午後6時半から建設記者クラブで会見し謝罪。

【広報の観点】

「6月29日10時10分、検察が本社会議室で待機しているときに、正門前に集まっている多数の社会部記者を社内に誘導した。記者が勝手に動き回り役員室に入り込まないよう、8階の役員室から離れた2階会議室を記者控室にした。締切り時間が刻々と迫ってくると、記者の気持ちが次第に殺気立ってきて、質問もトゲトゲしくなってくる。それを少しでも避けるため、控室に会社パンフレットや給水器などを持ち込んで、記者の気分をまぎらわす工夫をした。最初の会見場所は本社会議室としたが、2回目以降は国土交通（旧建設省）記者会で、逮捕、起訴などの節目に謝罪会見をしている」

【記者の見方：汚職報道はいち早い内偵のキャッチがカギ】

汚職事件で他社を出し抜くには、早い段階で、捜査当局の動きを察知できるかどうかだ。当局の動きに不自然さを感じたときには、捜査員をマークし自宅や最寄り駅で待ち受けるなど朝駆け、夜回りを行う。

汚職捜査の端緒は、俗に言われる「情報屋」から入るケースも多い。「情報屋」とは、企業に情報を売り込んで、それなりのバックマージンを手にしている者たちで、総会屋とはまた違う存在だが、企業にとってみると、「あまり差はない」(大手広報室幹部)というのが実態のようだ。

新聞社や通信社の捜査二課担当者、あるいは東京地検特捜部担当の記者は、先輩からの申し送りでこのような「情報屋」と親しい関係を持っているケースが多い。「情報屋」にしてみれば、「あのニュースは、俺がつかんだネタだ」と外部に触れ回ることで、一応の箔（ハク）がつき、企業広報担当者からもそれ以後一目置かれる存在となるため、こうしたマスコミの担当記者との付き合いは重要性を持ってくる。マスコミと「情報屋」との間に金銭的な関係はない。赤提灯、居酒屋で割り勘で酒を飲む程度である。

汚職事件や詐欺事件などは東京地検特捜部や警視庁刑事部捜査二課が中心となって捜査を担当する事案である。これらの事案の特徴は、逮捕者が出たときが事件の終了なので、記者たちは、事件関係者に事前に会い取材を進めなければならない。端緒をつかむことがスクープ記者の力の見せどころとなる。

　面白い情報源は、捜査員や地検関係者が出入りする居酒屋等で、酒飲み話に耳を傾けることも「立派な」事件の端緒となる。そういえば、警察署のトイレでの何でもないような会話からも、特ダネのヒントが生まれる場合もある。

　こうした苦労をして事件の端緒をつかんだとしても、汚職事件の片方の主役となる公務員が、企業などから現金を受け取っても、すぐに贈収賄が成り立つとは限らない。①職務権限はあるのか？、②便宜供与の内容は？、③金額は社交儀礼の範囲を越えているか、が捜査のポイントになる。こうした事件をキャッチしたら、自社で内偵を進め、逮捕の直前に警察、あるいは地検の幹部に最後の詰めをする意味で「確認」を取るのである。記者仲間では、この確認を「当てる」と呼んでいる。要は、汚職事件は逮捕者が出た瞬間で勝負がつく性質を持っている。それ以後は、ニュースをキャッチした新聞社、テレビ局がどれだけ深く先行取材をしてきたかが証明されることになる。ここが、殺人事件等の「発生もの」との大きな違いである。

【汚職の取材ポイント】

　新聞紙面を丁寧に読んでいる方々には、記事の書き分けについて、若干の知識があるはずである。しかし、日々忙しくしている企業戦士にとって、そのような記事の書き分けなどについて、思い及ぶ余裕もないと思われる。

　しかし、新聞社は事象ごとに、記事を書き分けているし、伝える内容について、あるいは伝える紙面によってお互い重ならないように書き分けているのである。まず、1面に配置される記事は、おおむね事実関係のみを伝える内容となっているはずである。そのような記事を、新聞社では「本記」と呼んでいる。

　最近の汚職記事では、東京地検特捜部が摘発中の「福島県発注の公共工

事汚職」が記憶に新しい。「福島県知事支援者ら逮捕」「東京地検　談合容疑仕切り役」という大見出しが踊る記事は、1面に掲載されてあることから、本記と呼ばれるものである。「福島県発注の公共工事をめぐり、ゼネコン各社が下水道整備工事で談合した疑いが強まり、東京地検特捜部はx日夜、談合の仕切り役だったとされる同県内の設備会社社長、p容疑者(59)ら2人を競売入札妨害（談合）容疑で逮捕するとともに、同県内の建設大手「q工業」（福島市）などを同容疑で捜索した。特捜部は、p社長が県側に対して建設業者との口利きをしていた事実はないかなど実態解明を進めるとみられる。」（『朝日新聞』06年9月5日付朝刊）

　引用した記事は、本記の「リード」部分である。忙しい人は、見出、さらにはこのリード部分を読み進むことで、事件の概要、記事が何を言わんとしているのかを総合的に頭に入れることができる。その意味で、リードには、ある程度の要素がぎっしりと詰まっているともいえる。

　次に続く本記の原稿部分は、より具体性をもった事件の内容が記述されるのである。若干長くはなるが、今回引用した朝日新聞朝刊の記事をさらに見ることにしよう。

　「p社長は、この工事を受注した準大手ゼネコン「r建設」（東京都渋谷区）側から約1千万円の謝礼を受け取っていたという。p社長は、福島県のr知事の支援者で、ゼネコン関係者らによると、県発注工事の業者選定に力を持つとみられている。

　この談合疑惑は、法人税法違反（脱税）の罪に問われている中堅ゼネコン「M建設」（三重県桑名市）に対する捜査の過程で浮上した」

　リードの末に「＝35面に関連記事」とあるので、35面を開けてみる。

　この面を、「社会面」と呼んでいる。その右肩に「談合の闇　捜査核心へ」の見出しとともに、事件をより詳しく報ずる内容の記事がオンパレードとなっている。例えば、「家宅捜索深夜まで」の記事は、事実関係に加え、家宅捜索を受けた企業の社員の表情なども描写されている。「雑感」を交えた記事スタイルとなっている。また、社会面の冒頭ではp容疑者と福島県政との結びつきに関するこれまでの取材結果が記述されている。このような書き分けを、本記、雑感とは区別して、「サイド」と呼んでいる。それに、

新聞社、あるいはテレビ局は事前に事件を察知していたが、記事にはできなかったので、逮捕者が出た時点で中心人物に直接接触をもっていましたよという、いわば「アリバイ」的な記事ともなりうる「一問一答」も掲載されている。それから、家宅捜索を受けたが、いまだ逮捕されていない会社関係者の記者会見の様子なども掲載されていた。

　事件の動きにもよるが、節目節目で、読者の理解を助けるようなデータ類も掲載していく。例えば、「関係条文」であったり「疑惑、告訴・告発から強制捜査ドキュメント」「過去の事例」「金の流れ、使途（図表）」「容疑者のプロフィール」「会社・役所の犯罪土壌」「会社概要」など。最近は、パソコンを使った図表、イラストなどをふんだんに掲載し、複雑な事件の流れをビジュアルに見せることに成功している。

　このような、逮捕者があると、翌日の夕刊、あるいは翌々日の朝刊では、汚職事件を伝える記事が掲載される。これらを総称して「続報」と呼んでいる。例えば、容疑者の「送検」記事であったり、「拘置決定」を伝える記事である。ある程度時間が経過してきても、報道する価値のある事件の場合は、逮捕容疑者を「起訴」あるいは「不起訴」に関する「処分」記事、容疑者の「保釈決定」記事が続く。さらには、事件がわき道にそれ、なお捜査当局が立件する意図があると「再逮捕」となり、送検されたなら「追起訴」の記事が後を追うのである。

2. 工場火災

【事故の概要】

　G社（本社：東京）神奈川工場の横浜倉庫は、東海道新幹線の沿線から約200メートル離れた所に立地している。

　平成16（04）年2月8日の午前7時ごろに出火したG社横浜倉庫の火災は、鎮火するまで2日間近くかかる大きな事件になった。野積みしてあった中古タイヤ数千本にも火は広がった。鉄筋3階建ての事務棟が全焼し、黒煙が空一面をおおった。市では対策本部を設置し、半径1キロ以内の近隣住民700世帯を近くの学校に避難させた。新幹線が1時間ほどストップし、東京に向う受験生が受験時刻に間に合わなくなった。

　その頃、社長は生産拠点の視察のため、インドに滞在していた。社長が火災の第一報を受けたのは深夜だった。横浜倉庫には事務棟のほか、5棟の倉庫があり、「火は2号倉庫にも延焼している」と聞いた段階で「対策本部の設置」を指示し、専務に指揮を執らせた。

　午後8時30分に専務と工場長とが、倉庫近くの施設で記者会見。「近隣のお住まいの方々や関係者には、大変申し訳ない」と陳謝したあと、「出火原因は全く分からない。鎮火後、消防署などと協力し検証したい。煙による住民の健康上の影響について、会社として誠意をもって対応したい」と説明。

　火災現場の記者からは「社長が会見に出てこない理由は何か」「最初の会見開催が遅いうえ、状況説明が少ない」とするクレームも聞かれたが、工場長が会見場所を確保し1日2回、定期的にブリーフィングを実施したことで、初期の広報対応遅れへの批判をカバーした。

　この日の夜、社長が帰国し現地で会見した。「多大な迷惑と心配をかけ、申し訳ありませんでした」と謝罪し、記者から質問が出尽くすまで会見場に留まって説明した。

　近隣住民から死傷者は出なかったが、古タイヤの燃焼から風下の住民多

数から、のどの痛みを訴える者が続出した。
　3月5日、原因は中古タイヤの野積み場所に近い敷地フェンス外で、ホームレスが暖を取ろうと火を付けたところ枯れ草に燃え広がり、中古タイヤに引火したものと判明した。

【広報の観点】

「会社側は、火災が起きた前後に消防などが調査していることもあり、不用意に原因を明言できない。①消防、警察に連絡したのはいつか、②安全管理をどうしていたか、③過去に火災事故を起こしてないか、④危険な施設はあるか、⑤今まで監督官庁から改善勧告など受けたことはないか、などの基本的な質問を受けるだろう。工場側は記者への資料として、工場配置図などの準備が必要だ。
　容疑の罪名は業務上過失致死傷、重失火罪のほか、爆発物取締罰則、建築基準法、高圧ガス取締法、ガス事業法、消防法の違反など、幅広く責任が問われる」

【記者の見方：火災取材】

　バブル経済が破綻をきたし、東京証券市場の株価が低迷していたとき、株価上昇、あるいは株価下落の材料として俄然注目されるようになったのが、上場企業に関連した工場や本社の火災であった。それまでは、社会部記者たる者は「会社四季報」(東洋経済新報社刊) など、証券会社に関連するものは読んだ経験がなかったが、まずは火災の一報と同時に「会社四季報」に目をやり、上場企業かどうかを確認する作業がひとつ加わった。
　さて、一般的な火災の場合、工場側から消防に連絡してこないことも多く、時間がたって連絡してくる場合もある。近くの住民から連絡してくることも多い。最近は、それでも消防署との連携がよく出来ており、担当者がきちんと決まっていて、通報体制は完全に出来ているようだ。
　できるだけ現場で付近の動きを取材する。危険物の貯蔵施設、密集地や病院や老人ホーム、学校などが周辺にある場合は、避難の動きがないかな

どを確認する。これらの場所での火事は、デスクに連絡してカメラマンを手配したり、航空部にもヘリコプターを要請する。特に、火災の場合は、消防署が現場で前線基地を作り、そこで緊急の記者会見を行い、簡単な火災の状況、現状等について説明を行う。しかし、現場ではあまり生々しすぎて、状況をよく把握できなかった経験がある。そのような時、消防署の本部に一人記者を配置する余裕があれば、そこで取材を進めるよう指示したほうがいい場合がある。

カメラマンは、風下に位置しないよう注意が必要だ。煙の多い風下では、火に巻き込まれたりして危険なこともあるし、煙でぼやけた写真になりがちだ。

第一報は出火場所、燃えている棟数・面積などの範囲、延焼の危険性、死傷者の数など、分っている範囲で出す。

火事では、消防の情報が変わりやすい。火災発生の直後は、工場側でも出火場所など分らないことが多い。火元や出火原因については消防、警察に十分確認することが必要だ。

死者が出たり、また大火災になった場合は、出火元の建築物構造や消防設備の有無、防火訓練など工場側の安全対策は万全だったかを取材して、何が原因で被害を大きくしたか（小さくしたか）、さらに気象条件の変化や消火活動の推移を記事にする。

【火災の取材ポイント】

いわゆる「本記」は、淡々とした叙述になる。

06年夏場に発生した「屋根に穴、落雷で出火か　大津のＴ社（仮名）工場火災」という記事を取り上げてみよう。

本文は「大津市大江の『Ｔ社』第２工場が12日夜に燃えた火事で、大津署と同市消防局による13日の実況見分で、スレートぶきの屋根に周りが焼けこげた直径約30センチの穴が見つかった。同署は落雷により出火した可能性が高いとみて調べる。

工場は木造平屋建て約４万平方メートルのうち約１万平方メートルが焼失。穴は、火元と見られる『ミシン室』付近の屋根で見つかったという。

O工場長は13日会見し、『多くの方々に迷惑をかけ申し訳ない。避雷針を増設するなど落雷対策を強化したい』と話した。」(「朝日新聞」06年08月14日付朝刊)というもので、発生直後の記事の続報のスタイルを取っている。上場企業の工場火災で、しかも出火原因が「落雷」ということで、注目されると推測したのかもしれない。
　出火原因に関する「警察」「消防」担当者の分析が、この原稿には盛り込まれている。また、「工場側の会見内容」簡潔に付け加えられている。上場企業の工場となると、同じような設計で別の府県にも設置されているケースも出てこよう。そのような場合には、「府県の危険物担当課」や「経済産業省の地方出先機関」「文部科学省」「労働基準監督署の地方出先機関」などへの取材を行い、それらの成果も必要になるかもしれない。こうした公的機関の分析を補強する意味で「専門家」の意見を「コメント」という形で掲載することもある。
　火元に関係するものとして「ガス会社」や「電力会社」の見解を取材することもあろう。
　火災を伝える原稿で神経を使うのが火災の現場周辺の人間模様を、どう簡潔に伝えるかということだ。新聞社ではこうした原稿を「雑感」と呼び、社会部記者の腕の振るいどころとしている。もちろん、予断をもった原稿ではなく、付近の住民の話等をふんだんに盛り込んだ内容で、できるだけ淡々としたものが読者にとっては読みやすい。例えば「消火活動と建造物の延焼状況」だとか、「出火、爆発時の状況と目撃者」がいれば、そのような目撃者の話を引きだす。「救出、避難状況」も必要だ。当然、救出の場面に遭遇すれば「救助された人の話」を物語風、あるいは簡単な話の引用でもよいから掲載を忘れないようにする。救出者を収容している「病院、遺体の収容先」の様子も必要となる。病院などには、親族が駆けつけているはずだから「家族、遺族の話」を取材しておくべきだ。
　火災現場はすぐには記者は立ち入れないから、非常警戒線が解除された後、報道陣に公開された「焼け跡の惨状」などを続報として「雑感」ふうにまとめることも必要となる。このほか「犠牲者一覧」「有名人がいれば談話」「社長、責任者の表情」などは、火災の規模の大きさによるが、新

聞社やテレビ等では常に用意するメニューのひとつとしている。

　工場火災に関係する「お話」として、書き分けられるのが「関連」あるいは「サイドもの」と呼んでいる原稿スタイルだ。例えば、「建造物の防火設備、防火訓練などでの落度はなかったか」「避難誘導は適切だったか」「過去の事例」「警察の捜査の行方」など、読者の疑問をひとつひとつ解いていく記事、あるいは工場火災が残した教訓といったものを識者の意見などを基に記事にする。

　このほか、ビジュアルなものとして「死傷、不明者氏名一覧表」「地図、見取り図」などを多用する。パソコンを使うことが多くなった最近の紙面作りでは、ドキュメントや一覧表、地図、図面といったものは以前より早く、手軽に制作できることから紙面にアクセントをつけるものとして重宝がられている。読者にとっても文字情報と図、写真などビジュアルな情報を絡ませると理解しやすいものだ。

　さらには「識者の話」「建造物はデパートか、ホテルか、老人ホームなどの施設か」「社長、所有者、責任者の会見」「消防当局の見方、原因」「何が被害を大きくしたか（小さくしたか）」「補償問題」などのメニューを頭に描いて取材を進める。

　大規模な工場火災の場合であれば、発生直後の原稿に続く、いわゆる「続報」記事が翌日の夕刊や翌々日の朝刊に必要になってくる。例えば、救出者、犠牲者が出た場合だと「救助、救出美談」「通夜、葬儀」、これに続く「補償交渉の進み具合」などが想定される。事故後の教訓として「他地区の同種ビル、デパート、老人施設などは大丈夫か」「災害専門家の解説」などで記事を構成していくことになる。

第4章　事例にみる企業不祥事
3. バス事故

【事故の経過】

05年8月17日12時　㈱全国バス（本社：東京、仮名）は、東京以西に営業網をもつ業界大手のバス会社である。

13時　名古屋支店に勤務するE運転手は、名古屋駅で乗車する乗客を乗せ、広島に向っていたが、飲酒運転していることが、この途中のサービスエリアで発覚した。

E運転手が、「運転席で酒を飲み、かなりの高速で、蛇行運転していた」と、サービスエリアで休憩中の乗客から、当該地の県警に連絡してきたのだった。

県警は道路交通法（酒気帯び運転）の疑いで、E運転手を現行犯逮捕した。県警が取調べたところ、運転手のカバンに空いたウイスキーのポケット瓶2本と、烏龍割りの焼酎が入ったペットボトル2本が見つかった。

アルコール検出量を調べたところ、酒気帯び運転（注5）の基準である0.15ミリグラムを上回る呼気1リットル当たり0.95グラムで、酒酔い運転と判断された。

取調べに対し、E運転手が「会社で禁止されている勤務前日に、会合で勧められ飲酒し深夜帰宅した。支店から名古屋駅までの回送中にもウイスキーを飲み、名古屋駅で乗客を乗せた後も、高速道路上で酒を飲ん

で運転していた」

名古屋支店総務部は県警に対し、「18日の始業前点呼では、酔っている感じはみられなかった」と報告している。

午後5時　午後5時東京本社で社長が謝罪会見し「従業員が逮捕され誠に遺憾です。関係者の皆さまに深くおわび申し上げるとともに、今まで以上に法令の順守を徹底してまいります」と陳謝した。報道陣約30名が集まった。

【記者の質問】

・飲酒運転の実態を知らなかったのか
・知り得る立場ではないのか
・警察発表では、日常的に飲酒が行なわれていたことになるが…、どうして分からなかったのか
・支店では、どういうチェックをしていたのか、黙認していたのではないか
・本社で、飲酒運転の実態調査をしたことはあるか
・飲酒運転の背景に、無理な運行スケジュールがあるのではないのか
・E運転手の勤務スケジュールを教えてほしい
・E運転手の乗車前にアルコール検知をしたのか
・自由にアルコール類を運転席に持ち込めるのか
・責任をどう取るつもりか、辞任するのか
・過去に同様な事件を起こし、監督官庁から指導を受けたことはあるか
・今後の再発防止策は
・支店では日頃どういう管理をしているのか
・他にも業務中に飲酒運転手がいるのではないか
・コンプライアンス組織はあるのか

8月19日　国交省中部運輸局が、同社名古屋支店を特

別監査した。名古屋支店ではアルコール検知器によるチェックを、怠っていたことが判明。

県警は、勤務前日の飲酒禁止などの規定が形骸化していたとみて、同社の管理体制も調査するとした。

8月21日	名古屋支店の支店長が、県警に呼ばれ「運行管理体制」について問われた。
8月25日	東京本社の管理部長に、県警から呼び出しが掛かる。「本社では、どのように運行管理しているのか」「飲酒運転は、他にもあるのではないか」と質問を受けた。また、同社に国交省中部運輸局から、再発防止策を持参するよう連絡が入る。 東京本社では、名古屋支店の運行管理者を、総務部付として異動させた。
8月28日	社長が2回目の会見を行い、社内調査結果と再発防止策を発表した。役員などの社内処分については、県警の措置を待って行うとした。
9月8日	当該地の地検は、E谷容疑者を、道交法（酒酔い運転）の罪で起訴した。
9月26日	県警は、㈱全国バスと名古屋支店の運行管理者を「被告が逮捕前日に深夜まで飲酒し、二日酔いのままで運転することを、点呼で気付きながら黙認したとして、道交法違反（酒気帯び運転の容認）の疑いで、書類送検した」と発表した。㈱全国バスは両罰規定(注6)による書類送検であった。
9月30日	㈱全国バスの広報は、国土交通省記者クラ

ブで「おわびと社内処分」の資料を配布した。
（資料：146頁参照）

【広報の観点】

「警察庁の調べでは、酒酔い運転によって死亡した事故件数は、平成16（04）年で149件と、前年の175件をわずかに減少している。
こうした現行犯で逮捕される事件では、本社広報が情報を知る前に、マスコミからの電話で初めて、ことの成行きを知る場合が多い。突発的な出来事のため、余裕ある広報対応ができない。運転手の身柄が拘束されていて、事件の内容を把握するのに時間が掛かる。記者の電話取材には『確認のため現在調査中ですが、事実なら誠に遺憾に存じます』などとする回答にならざるを得ないが、重大事故なら会見を想定して準備の必要はある」

【記者の見方：交通事故】

米国では、新人記者の最初の取材対象はスポーツ競技とされているが、日本では一人前の記者（汽車）に成長する前の、いわゆる"トロッコ"記者が、支局に配属され初めてする取材が交通事故。新聞社のOJT(オンザジョブトレーニング)でもある。交通事故取材では、仮説を立て検証する内容は実に多彩だ。車の構造・道路施設・労務管理だけでも確認すべき点が多い。

例えば車両に関した仮説は、タイヤの摩滅など整備不良か、運行の事前・事後点検はどうだったか、車両構造に根本的な問題が隠されていた三菱ふそう・トラックなどの例もある。

事故現場の道路は急勾配の坂道か。カーブは、ゆるやかだったか、急なカーブだったか、「魔のカーブ」などと呼ばれていなかったか。信号機の取付け場所は、樹木などで隠れていなかったか。道路の凍結はどうだったかなど。

事故時の速度は。スピードメーター、ギアの位置やスリップ痕も確かめ

る。

　乗客は園児や小学生の遠足、通勤通学、受験、修学旅行などの途中だったか。入院先も基本データとして確認しておき住所、電話番号などのメモを残しておけば、多数の死傷者を出したJR西日本福知山線事故（注7）のときのように、節目である1年後の負傷者の生活など読まれる記事になる。

　現場（航空）写真も必要。JR西日本福知山線事故では、事故直後の模様を撮影した写真が、記事以上に状況を物語っていた。

　これらのなかでも、事故の原因、背景が最も重要。居眠り運転か、酒気帯びか、脇見か。過積載でブレーキの効きが悪かったのか。居眠り運転による事故は、過労が原因か。会社の運行計画に無理はなかったか、勤務時間はどうだったか。

　原因に結びつくような記事は後で問題になる場合もある。慎重の上にも慎重に確認し、必ず出所を明示しておく。

【バス事故の取材ポイント】

　事故ごとの解説について、記事の書き分け分類のみの記述に切り替える。「本記」は、他の事故の場合と同様、事実関係のみにとどめる。

　06年10月12日に起きたバス事故「宇都宮・路線バス事故：運転手供述『脇見運転していた』　現場は一時騒然　／栃木」を参考にみてみよう。

　原稿は以下の通り。

　「宇都宮市馬場通り4の県道で12日、K自動車の路線バス2台による追突事故で、負傷者は20〜70歳までの乗客計17人に上った。いずれも約2週間の軽傷。宇都宮中央署は13日、現場検証を行い、詳しい事故原因を調べる。

　事故は、12日午前8時20分ごろ、県道左車線を徐行中のバスに、後続のバスが追突、2台のバスの乗客約40人のうち計17人が首や腰などを負傷した。同署は追突したバスの運転手、p容疑者（43）を業務上過失傷害容疑で現行犯逮捕。p容疑者は『脇見運転をしていた』と供述している。

　現場は、二荒山神社前の片側3車線の直線道路（通称『大通り』）で、

緩い下り坂。p容疑者のバスは時速20〜30キロの速度で追突したと見られる。事故当時、県道は通勤ラッシュで渋滞していた。バスはいずれもJR宇都宮駅行きで、乗客のほとんどは通勤や通学途中。追突されたバスは後部座席の窓ガラスが全壊し、乗客はガラスの破片を浴びた。消防車や救急車が多数出動し、現場は一時騒然とした。」(「毎日新聞」06年10月13日付朝刊)

このように、大きな事故に限り、原稿の締めの部分に現場の様子、発生場所の位置関係などを簡単に記すようにする。位置関係を記してやれば、読者はおおまかな現場の地図が分かる。もちろん、「本記」には、現場の見取り図も付けると理解しやすい。

「雑感」は、大事故の場合、現場の状況を伝える際には必須の記事となる。社会部記者としての経験が縦横に生かされる現場だ。例えば、「運転士、乗客の話」「実況検分の警察官から」「病院(単に数や名前だけでなく、乗客から事故当時の状況を談話取材)」などのコマ割りがすぐに頭に浮かぶよう、日ごろから訓練を積んでおくことが必要だ。

このほか、「遺体収容先」「事故を起こしたツアーは無理な日程でなかったか」「労組」「被害者、遺族の動き」「家族、会社の話」「付近の人、現場の話」「負傷者の多い事故では消防からも」「運転士、バス会社、乗客、目撃者、救助に活躍した人々」「医者」「県警、消防、地検、陸運局、陸運事務所の担当者」などのメニューが、当座必要となろう。

関連(サイド記事)としては、以下に挙げるポイントを抑えておくことで十分と思われる。

「道路公団など道路管理者の対応」「高速道路の場合は、事故の恐ろしさ」「過去の事例」「事故の原因、背景」「地図、見取り図」「道路閉鎖と復旧見通し」「運転士の健康、精神状態」「識者の話」「会社、旅行会社、車内の様子も」「補償問題」「死傷者の氏名」

大惨事となれば、第一報に追い討ちをかけるような「続報」が掲載されることを読者は当然のように期待するものである。事故の原因や、今後の成り行きを見据えたような記事が、新聞のデスク、あるいはテレビ局のデスクなどは求めているので、周辺取材を丁寧に重ね、おおまかな方向性を

もった記事内容とすることで、読者の理解を助ける。新聞やテレビの担当デスクとも、記事内容については記者が十分説明をし、意志の疎通をしておくことが大切となる。

　事故のポイントを大ざっぱにおさらいをしたうえで、「当事者の刑事責任と捜査」「検察の処分」「民事裁判の成り行き」などのメニューを取りそろえることができるように、準備を進める。

【謝罪リリース】

株式会社全国バス
代表取締役社長
〇〇〇〇

「お詫び」と「社内処分」について

　本年8月17日、名古屋駅から出発した東名高速道路上で弊社車両が発生させました酒酔い運転事故に関しまして、9月26日、法人としての弊社および弊社関係者が道路交通法により送致される事態にいたりました。

　これまでも、法令等の遵守につきましては全社員に徹底するよう指導しておりましたが、遺憾ながら全社員に徹底できず、このような事態を発生させ、また多くの皆様にご迷惑をお掛けいたしましたことは、誠に申し訳なく謹んで深くお詫び申しあげます。

　弊社といたしましては、今般の措置を厳粛に受け止め、本日、社長以下役員および関係者を処分することに決定いたしました。社長および担当役員については減俸30％4ヵ月、関係者については就業規則に基づき厳正な処分を行います。

　法令遵守につきましては、全社的にコンプライアンス（法令遵守）意識の高揚、浸透を図ることを目的に、本年10月1日付で本社にコンプライアンス部を設置し、弊社および弊社グループ企業のコンプラインス体制の構築を行い、コンプライアンス経営の推進を鋭意図っているところです。

　また今回の事態に鑑み、さらにこれを徹底させるべく、12月1日、主要支店にコンプライアンスにかかわる専任部長を緊急配置し、全役員・社員が法律およびその精神を遵守するとともに社会的良識をもって行動するよう一層指導、徹底してまいります。

　末筆ながら、今後このような事態を発生させないよう、全役員・社員一丸なって取り組んでいく所存ですので、何卒格段のご指導賜りますようお願い申しあげます。

以　上

この件に関するお問い合わせ先
　　　　東京都江東区〇〇〇〇〇〇〇：広報部　担当者名
　　　　電話：〇〇〇〇-〇〇〇〇

第4章　事例にみる企業不祥事

4. インサイダー取引

【事件の概要】

　大阪証券取引所市場第2部のA社に、証券取引等監視委員会（注8）の調査が入った。平成16（2004）年6月6日のことだった。

　A社では、役員会で証券取引等監視委員会が入ったことを告げ、未上場企業B社との資本・業務提携を機関決定した後の公表前に、役員に対し自社株を購入していなかったかどうかの確認をしたが、該当者はいなかった。しかし、噂が広がることを恐れ、700名の社員には調査せずにいた。そのため広報は社内から逮捕者がでるとの最悪の場合も想定して、リスクごとに対応を検討した。

　6ヵ月後の平成15年2月14日、大阪地検特捜部が、幹部2名に面談する目的でA社を訪れた。A社株をめぐるインサイダー取引（注9）疑惑について、検事は「御社はシロ」などと伝え、社を辞した。

　同社のインサイダー取引疑惑というのは、A社と未上場企業B社との資本・業務提携を、平成11年7月26日に大阪証券取引所で発表後、300円前後で推移していた株価が500円前後にまで高騰。提携発表前に、この情報を知る立場のB社幹部が取引先のC社E部長に漏らした。このC社E部長がA社株を購入し、提携発表後、売却した疑いがあるとして証券取引等監視委員会の調査が入っていた。

　2月19日、A社広報にQ新聞社会部記者から電話で、①A社の事業内容について、②B社との提携時期、提携金額などを質問して電話を切った。

　翌朝、Q新聞朝刊社会面に、4段見出しで記事は「A社株で大阪地検特捜部は、証券取引法（インサイダー取引）容疑で元C社社員を逮捕。大阪地検特捜部は、証券取引等監視委員会と合同でC社社員の自宅を家宅捜索した」とある。

　逮捕されたのは、B社幹部からA社に対する第三社割当増資の情報を得て、公表前にA社株を購入したC社社員（54才）である。同氏は平成

12年4月、依願退社している。

8時30分、通信社の社会部記者から「Q新聞の記事は事実か」と電話による問い合わせが入った。広報担当は「証券取引等監視等委員会から、書類の提出を求められたのは事実。後刻、正式なコメントをFAXする」と伝言。

10時30分頃、経済専門紙社会部記者と、2社のテレビ記者がA社に来社。

通信社の記事が各メディアに配信され、全国紙やテレビ局から、相次いで電話取材が入る。

全国紙の夕刊各紙と夕刊紙2紙に、通信社の配信記事を肉付けした後追い記事が掲載された。一部の地方紙には通信社にFAXしたコメント文が、そのまま掲載されていた。

3月12日午前、証券取引等監視委員会は、逮捕・拘置中のC社社員を証券取引法（インサイダー取引）の罪にあたるとして、東京地検特捜部に告発した。次いで東京地検特捜部は、C氏を証券取引法（インサイダー取引）違反の罪で起訴した。

3月12日夕刊と13日の朝刊各紙は、A社株事件に関し「増資をめぐるインサイダー取引事件で起訴」と報じた。証券取引等監視委員会が発表したものである。

【広報の観点】

証券取引法では、①会社関係者や情報受領者などが、②会社の重要事実を、③職務などに関して知り、④公表される前に株式などの売買をすることを禁じている。このほか、「風説の流布」の罰則など、市場における売買に様々なルールを設けている。その原則は「公平公正であること」「オープンであること」「透明であること」である。インサイダー取引では、利益を出すことはもちろん、損をしても証券取引法違反の罪に問われる。

【記者の見方】

一般的に言って、今回のケースでは検察がQ新聞にリークしたとすれば、事件は大きくならず一過性で終わる。大きくなるときは、アジェンドセッ

ターと呼ばれるメディアにリークする。
　「捜査中のことでもあり、コメントは控えたい」とする企業の談話がよく掲載されている。記者の立場からいえば、犯人が特定されてないときには、捜査妨害と取られかねないので「コメントを控える」ことは納得できるが、犯人が特定されている場合には意味を感じない。「コメントを控える」のは『企業の責任が発生する怖れが高いから』と判断している。

5. 食中毒

【事件の概要】

　最近では、雪印乳業の食中毒事件。北海道の大樹工場で製造された脱脂粉乳に、黄色ブドウ球菌によるエンテロトキシンが入っていた。それを原料に大阪工場で低脂肪乳に加工され、それを飲んだ大阪、兵庫、和歌山、京都の人たちが被害にあった。

　「牛乳を飲んだ3人の子供が、吐いている」。平成元年(2000)年6月27日、事件は消費者の苦情から始まった。翌日にも3件の訴えが、雪印乳業西日本支社に寄せられた。さらに、病院から大阪府に複数の通報が入った。28日午後、大阪市の保健所が同社大阪工場に、緊急立ち入り調査を実施。29日の未明、厚生省に第一報のFAXを入れた。行政側は即自主回収、一般消費者等への製品自主回収周知の掲示、販売店での店頭表示を要望。しかし、同社は28日の株主総会で、幹部が本社のある札幌に出払っていることなどから、要望に対する回答を引き延ばしたとされている。

　同社では29日午前9時から自主回収を開始したが、行政側からの自主回収を知らせる記者会見の実施要求に対して躊躇したため、大阪市が29日午後4時に記者会見を行った。同社が記者会見を開催したのは、大阪市の会見に遅れること5時間45分後の午後9時45分に、西日本支社で会見し自主回収を発表。

　社長への報告が伝えられたのは、何と事件発生の2日後だった。致命的な初期対応のミスだった。社長が記者会見したのは7月1日の午後3時、事態はすでに拡大の一途を辿っていた。この過程で、社長が事実を把握していないことも明らかになった。

　「市民生活を脅かす事態」に敏感な社会部記者の怒りは、同社の対応に向けられた。この過程で、社長が会見後、追いすがる記者に向かって「私は、寝てないんだ」と発言。真意は「私も寝ないでがんばっている」との意味で伝えたつもりだったとされているが、TVがその部分を"輪切り"にし

て繰返し放送した。病床で苦しんでいる幼い子供たちを"放置していた会社"の象徴として幾度も放映された。この"輪切り"がTVの怖さである。患者数は14,850名あまり、死者1名を出す事件だった。

〔雪印乳業の対応経緯〕
(1)「初動対応の遅れ」
　6月27日午前11時、医療機関が「食中毒症状が出ている」と、大阪市の保険所に届出。
　28日の夜、大阪市が雪印に製造販売自粛を指導(午前10時半、札幌市で株主総会)。
　29日の朝から、雪印が自主回収開始。
　29日16時、大阪市が「食中毒患者発生」と発表(企業知名度、人の生命・健康、それに被害者の広がりなどの要件を含んでいて、高い情報価値を有している)
　29日21時45分に雪印が記者会見(大阪市の発表に遅れること、約6時間)
(2)「情報がトップに伝わらず、また共有されていない」
　7月1日、雪印が社長会見。席上、工場長が「仮設パイプのバルブを3週間洗浄していなかった」「バルブに10円玉大の乳固形物発見」と発言し、会見場で社長が絶句。社長以下役員に知らされていなかった。
(3)「二次的損害の発生」
　7月11日、18時会見予定が23時に延びて東京、大阪で開始。大阪の対応では「詳しくは東京本社に聞いてくれ」とし、一方、東京側は「工場の衛生管理問題は大阪で聞け」と伝え、記者に「何のための会見か」と問い詰められ、「会社の組織的欠陥」「会社の体をなしていない」と、広報対応の不手際から二次的損害を誘発してしまった。

【記者の見方】
　厚生労働省の広報から、午後7時ごろ1枚の発表資料が、記者クラブ加盟社の机上に配布された。「某県での魚介類による食中毒について」とす

る内容だった。社会部記者はデスクに連絡し、消費者への「被害の拡大防止、注意の喚起」のため、出稿した。翌朝の紙面にベタ記事で扱われた。伝染病や食中毒など「被害の広域性」に係わる事案は、情報価値が高く、この記事は全国通しで扱われた。

甚大な被害をもたらした事件では、古くは昭和30（55）年6月の森永ヒ素ミルク事件、それに昭和43（68）年3月のカネミ油症事件がある。森永ヒ素ミルク事件の被害は27府県にまたがった。同社の徳島工場の製造過程で、安定剤の第2リン酸ナトリウムに大量のヒ素が含まれており、それが粉ミルクに混入した。患者数は約12,100名で死者は131名にのぼった。

カネミ油症事件は長崎、鹿児島、福岡などで患者が発症し、その数は約1280名、死者は28名。カネミ倉庫のライスオイルの脱臭工程で、熱媒体に使用していたＰＣＢ（ポリ塩化ビフェニール）がピンホールから流出し、混入したため、多数の皮膚疾患をおよぼした。

食中毒患者は毎年3万人前後がかかり、十人前後の死者を出している（02年の食中毒発生状況を具体的に示すと事件数1,850件、患者数27,629名、死者18名）。

最近、外食産業の増加に伴う食品流通の多様化などで、食中毒の発生施設が家庭から食品事業者へ拡大かつ広域化が懸念されている。

原因物質は、細菌のほか動植物の毒、化学物質に分けられる。近年ではノロウイルスやE型肝炎ウイルスなどウイルスの増加が顕著だ。特にノロウイルスによる食中毒患者は、年間1万人を超えると報告されている。

食中毒を取り巻く最近の事情は、以上のようである。いざ、食中毒事故が発生した場合、新聞やテレビ、ラジオの記者、報道記者はどんな点に関心を持つのかを説明したい。まず、食中毒事故で入院した人の数、あるいは入院までいかなくても食中毒特有の症状を訴えた人の数はどれほどなのか。最終的には、病院で医師の手当てを受けた「患者数」によって規模が確定するといっても過言ではなかろう。それと、発生地域は広域かどうかである。何年も前の話だが、JRが国鉄と呼ばれていたころの時代に、駅弁を介した食中毒が発生したことがあった。この時の発生範囲は、国鉄を

利用した乗客、旅行客で駅弁を食べた人すべてが、一様の食中毒症状を訴えた。それも、食中毒には潜伏期間があるため、ちょうど乗客が「目的地」に着いたか、あるいは向かっている途中で症状を訴えた。当然、発生範囲は駅弁を販売した駅を起点にレールに沿って放射状に発生することは容易に想像できよう。速度の速い特急やそれ以上の新幹線等を利用した客の場合だと、思わぬ場所で食中毒症状を訴えることになる。各駅停車、あるいは、駅弁を食べてすぐに下車した乗客は、「駅」のすぐそばで症状を訴えることになる。あまりに遠隔地で発生すると、原因物質を特定することが大変に困難になる。食中毒とは、まず、原因物質が何かを突き止めることで、事故の拡大を阻止することが十分にできる。報道の使命が生かされるケースともなるのである。

　原因物質が何かを特定する作業として、「患者の症状の共通点は何か」を、多くの症状を訴える患者から割り出していく。もちろん、こうした作業は地元の保健所等の専門職員が行うわけだが「症状などを具体的に確認する」ことに注意を要する。弁当に入っていた具材、例えば、卵焼き、煮物、揚物、刺し身、お浸し、等々の総菜類を残っている弁当から割り出すのである。社会部記者はそれらの検査結果を迅速に入手し、読者に提供するわけである。現在では、どこの新聞社でも充実を図ってきている「科学部」とも連絡を取ることが肝心である。科学部は「脳死」「Ｈ２ロケット」などのテーマでも、厚労省、文部科学省に出張ってくる。医療や宇宙、深海など「サイエンス」とひとくくりにされる記事を専門に扱うわけだが、バブル期以降、紙面の増ページで、読み物と呼ばれる記事が増える中、「科学部」記者は、現代の花形ともいえる。

　食中毒の原因については、記事によって輸入業者のほか弁当・給食など食品事業者に致命的な打撃を与える。バス事故と同様、原因については慎重のうえにも慎重に確認な取材をすることが求められている。細菌の検査などは、衛生研究所で行われる。厚労省へも報告されるので、支局記者は本社にも問合せること。最近は、鳥インフルエンザの感染や治療法などが関心テーマ。

【記者の取材ポイント】

・本記
「都道府県の生活衛生部など」「衛生研究所」「地域を担当する保健所長」「患者を搬送する消防」「警察」「厚労省」
・関連
「業者への行政処分」「被害の補償」「業者の倒産など」「他の府県でも同じ症状の患者が出てないか」「専門家の見方」

《用語メモ》
（注1）
集団的過熱取材

集団的過熱取材に関する日本新聞協会編集委員会の見解
2001（平成13）年12月6日
第609回編集委員会

　事件や事故の際に見られる集中豪雨型の集団的過熱取材（メディア・スクラム）に、昨今、批判が高まっている。この問題にメディアが自ら取り組み自主的に解決していくことが、報道の自由を守り、国民の「知る権利」に応えることにつながると考える。こうした認識に立って、日本新聞協会編集委員会は、集団的過熱取材にどう対処すべきかを検討し、見解をまとめた。

　集団的過熱取材とは、「大きな事件、事故の当事者やその関係者のもとへ多数のメディアが殺到することで、当事者や関係者のプライバシーを不当に侵害し、社会生活を妨げ、あるいは多大な苦痛を与える状況を作り出してしまう取材」を言う。このような状況から保護されるべき対象は、被害者、容疑者、被告人と、その家族や、周辺住民を含む関係者である。中でも被害者に対しては、集団的取材により一層の苦痛をもたらすことがないよう、特段の配慮がなされなければならない。

　集団的過熱取材は、少数のメディアによる取材である限り逸脱した取材でないにもかかわらず、多数のメディアが集合することにより不適切な取材方法となってしまうものだ。また、事件・事故の発生直後にとくに起きやすく、その

ような初期段階での規制は必ずしも容易ではない。このため、取材現場を必要以上に委縮させないということにも留意しつつ、次のような対応策をまとめた。

　すべての取材者は、最低限、以下の諸点を順守しなければならない。

　(1) いやがる当事者や関係者を集団で強引に包囲した状態での取材は行うべきではない。相手が小学生や幼児の場合は、取材方法に特段の配慮を要する。

　(2) 通夜葬儀、遺体搬送などを取材する場合、遺族や関係者の心情を踏みにじらないよう十分配慮するとともに、服装や態度などにも留意する。

　(3) 住宅街や学校、病院など、静穏が求められる場所における取材では、取材車の駐車方法も含め、近隣の交通や静穏を阻害しないよう留意する。

　不幸にも集団的過熱取材の状態が発生してしまった場合、報道機関は知恵を出し合って解決の道を探るべきであり、そのためには、解決策を合同で協議する調整機能を備えた組織をメディア内部に持っておく必要がある。調整は一義的には現場レベルで行い、各現場の記者らで組織している記者クラブや、各社のその地域における取材責任者で構成する支局長会などが、その役割を担うものとする。解決策としては、社ごとの取材者数の抑制、取材場所・時間の限定、質問者を限った共同取材、さらには代表取材など、状況に応じ様々な方法が考えられる。

　また、現場レベルで解決策が見いだせない場合に備え、中央レベルでも、調整機能や一定の裁定権限を持った各社の横断的組織を、新聞協会編集委員会の下部機関として設けることとする。

　集団的過熱取材の被害防止は、各種メディアの一致した行動なしには十分な効果は期待できない。このため新聞協会としては、放送・雑誌など新聞以外のメディアの団体に対しても、問題解決のための働きかけを行うことを考えたい。

　なお、集団的取材であっても対象が公人もしくは公共性の高い人物で、取材テーマに公共性がある場合は、一般私人の場合と区別して考えることとする。

　われわれは今後も、必要に応じ見解を見直し、集団的過熱取材問題に適切に対応していきたいと考えている。各取材現場においても、記者一人ひとりが見解の趣旨を正しく理解し、この問題の解決に取り組んでほしい。

　　　　　　　　　社団法人　日本新聞協会
　　　　　　　〒100-8543 千代田区内幸町2-2-1

(注2)
名誉毀損
名誉とは人に対する社会的評価(地位または価値)のこと。「名誉を毀損する」とは、その評価を低め、体面を傷つけることをいう。会社などの法人や死者に対しても名誉は存在する。名誉毀損は刑法と民法で規定されている。
〔刑法230条の条文〕。
　①公然と事実を摘示し、人の名誉を毀損した者は、その事実の有無にかかわらず、3年以下の懲役もしくは禁固または50万円以下の罰金に処する。
　②死者の名誉を毀損した者は、虚偽の事実を摘示することによってした場合でなければ、罰しない。

〔刑法230条の2の条文〕
(公共の利害に関する場合の特例)として報道・出版に対して名誉毀損の免責条項が規定されている。
①前条第一項の行為が公共の利害に関する事実に係り、かつ、その目的が専ら公益を図ることにあったと認める場合には、事実の真否を判断し、真実であることの証明があったときは、これを罰しない。
②前項の規定の適用については、公訴が提起されるに至っていない人の犯罪行為に関する事実は、公共の利害に関する事実とみなす。
③前条第一項の行為が公務員または公選による公務員の候補者に関する事実に係る場合には、事実の真否を判断し、真実であることの証明があったときは、これを罰しない。

〔判　例〕
(公共の利害に関する事実)
○私人の私生活上の行状であっても、その携わる社会的活動の性質、及びこれを通じて社会に及ぼす影響力の程度などの如何によっては、本条一項にいう「公共の利害に関する事実」にあたりうるのである。それに、これにあたるか否かの判断は、摘示された事実自体の内容・性質に照らして客観的になされるべきであるが、事実を摘示する際の表現方法や事実調査の程度などは、本条にいわゆる公益目的の有無の認定等に関して考慮されるべき事柄であって、右の判断

を左右するものではない。(「月刊ペン事件」最高裁昭和56年4月16日判決、刑集35巻3号84頁)
(真実性に関する錯誤)
○本条一項にいう事実が真実であることの証明がない場合でも、行為者がその事実を真実であると誤信し、その誤信したことについて、確実な資料・根拠に照らして相当の理由があるときは、名誉毀損の故意がなく、犯罪は成立しない。
(最高裁大法廷昭44年6月25日判決、刑集23巻7号975頁)

次に民法の名誉毀損、慰謝料の関連条文は下記の通り。
709条（不法行為の一般的要件）
故意又は過失に因りて他人の権利を侵害したる者は之に因りて生じたる損害を賠償する責に任す
710条（非財産的損害の賠償）
他人の身体、自由又は名誉を害したる場合と財産権を害したる場合とを問はす前条の規定に依りて損害賠償の責に任する者は財産以外の損害に対しても其賠償を為すことを要す
723条（名誉毀損における原状回復）
他人の名誉を毀損したる者に対しては裁判所は被害者の請求に因り損害賠償に代へ又は損害賠償と共に名誉を回復するに適当なる処分を命することを得

(注3)
プライバシー権
プライバシー問題は、大手新聞社でも「公人でない人の自宅前に記者が張りこむことが、プライバシーの侵害になり、訴えられれば、負けるのではないか」と危惧している。事実、ある社の記者が私人の自宅前で車を空ぶかしして取材対象者の帰宅を待っていると、家人から抗議を受け立ち去ったそうである。
プライバシー権とは、私的領域でみだりに「公開されたくない権利」を指す。
名誉毀損と違いプライバシーの侵害は、事実であっても秘匿しておきたい私生活上の事実を公開するだけで生じる。
しかし、日本国憲法の21条では「言論の自由」を保障しており、これとの調整から、①公共的な意義が認められる場合、または②取材対象者が、社会的地位からみて公的人物の場合は、活動状況から判断し公開されてもやむを得ないと

される場合は、プライバシー権の侵害とはならない、とされている。
公的人物（公人）とは、国会議員、地方議員、上級公務員、法曹関係者、警察関係者、教師、企業や団体の幹部などで、準公人としてタレントやプロ野球選手などが挙げられている。

最近では、情報通信の発達による個人情報保護の高まりから、公的機関や企業が持つ自己のデータについて「知る権利」、そしてそのデータの中身が間違っていれば訂正、修正させる「自己の情報をコントロールする権利」を持つといった能動的なものに変化してきている。

〔判　例〕
プライバシー・人格権・名誉権 - 私生活の公開
○個人尊厳の思想は正当な理由を欠く他人の私事の公開を禁じるから、私生活をみだりに公開されないという意味でのプライバシーは一つの権利と呼ぶことができるが、その侵害に対して法的救済が与えられるのは、公開された内容が、私生活上の事実又は事実らしく受けとられるおそれがあり、一般人の感受性を基準にして当該私人の立場に立った場合公開を欲しないであろうと認められ、かつ、一般的に未だ知られてない事柄であることを必要とする。（「宴のあと」事件、東京地裁昭和39年9月28日判決、下民集15巻9号2317頁）

プライバシー・人格権・名誉権 - 情報の保護
○住民基本台帳ネットワークシステム（住基ネット）上の本人確認情報は氏名・生年月日・性別・住所・住民票コードに限定されており、住民票の他の記載事項に比べて秘匿の必要性が必ずしも高くはないが、行政機関が本人確認のために利用する必要性は相当程度に認められるから、情報の内容・性質と公益の必要性に照らして、本人確認情報が住基ネットに接続・送信・保存されたことで、プライバシーにかかる法的利益が直ちに侵害されたとみることはできない。住基ネットは、本人確認という目的以外に使用されたり、個人のプライバシーにかかる法的利益の侵害を容易に引き起こす危険なシステムとも認められない。
（大阪地判平成16年2月27日判決、判例時報1857号92頁）
○他人保有の個人情報が不真実・不当であり、そのため個人が社会的受忍限度を超えて損害を蒙るときは、名誉権又は人格権に基づき、当該情報の訂正・抹消を請求できる。それがいかなる場合に認容されるかは、情報の種類・性質・

内容・情報の誤りの程度・態様・原因、誤りを訂正しないことにより受ける当該個人の不利益、他人が国その他の公共団体である場合の公共の利益との関連性などを総合考量し、かつ実定法規、信義則・衡平の法理等に照らし、事実に即して判断されねばならない。（東京高裁昭和 63 年 3 月 24 日判決、判例時報 1268 号 15 頁）

(注 4)

肖像権

肖像権には、法律で明文化された規定はないが、「自己の容貌を写真などで承諾なしに、または理由なく撮影されたり、公表されたりしない権利」とし、人格権の一部と考えられている。

この肖像権でも「名誉毀損」と同様、報道が目的なら免責されるケースがある。77 年 2 月、札幌高裁は「動労帯広運転区事件」の判決の中で、「①写真撮影の目的が、正当な報道のためのもので、②写真撮影の必要性および緊急性があり、③かつその撮影が一般的に許容される限度を超えない相当な方法をもって行われるとき」には許されるとした。

〔判　例〕

○人の容貌・姿態等を撮影した写真を週刊誌に公表しても、記事本文の内容が公共の利害に関わるもので、写真が記事と密接不可分の関係にあり、その掲載が専ら公益を図る目的記事をより正確に補充するためになされた必要最小限度のものである場合には、不法行為の成立要件としての違法性を欠く。（東京地裁昭和 62 年 2 月 28 日判決、判例時報 1242 号 76 頁）

○写真報道により肖像権が侵害される場合であっても、当該表現行為が公共の利害に関する事項にかかり、専ら公益を図る目的でなされ、公表された内容が表現目的に照らして相当であるときは、表現の自由の行使として相当と認められる範囲内にあり、違法性が阻却される。（東京高裁平成 5 年 11 月 24 日判決、判例時報 1491 号 99 頁）

(注 5)

酒気帯び運転と酒酔い運転

酒気帯び運転は、呼気 1 リットル中のアルコール濃度が 0.15 ミリグラム以上。

酒酔い運転はそれに加え「アルコールの影響で正常な運転ができないおそれがある状態」をいい、数字上の基準はない。

(注6)
両罰規定
道路交通法第116条（両罰規定）
法人の代表者または法人もしくは個人の代理人、使用人その他の従業員が、その法人または個人の業務に関してこの法律に違反したときは、その行為者を罰するほか、その法人または個人に対しても連座的に刑（罰金または科料）を科す規定。独占禁止法の他に銀行法や貸金業規正法、証券取引法などにも設けられている。

(注7)
JR西日本福知山線事故
平成17（05）年4月25日、午前9時18分頃、福知山線の塚口～尼崎駅間で発生した事故。106名の死者を出した。JR西日本が事故発生から6時間後の15時に会見し、線路上の置き石による脱線の可能性を示唆。この会見後、国交省が「置き石原因説」を否定したため、JR西日本でも「置き石説」を撤回。兵庫県警や航空・鉄道事故調査委員会による事故原因の解明が進められている段階での、JR西日本の会見だったことから、報道側から「記者をミスリードした」と、批判された。

(注8)
証券取引等監視委員会
証券取引などが公正に行なわれているか監視する目的で金融庁に設置された監視機関。インサイダー取引き、損失補てん、先物取引での相場操作などを調査する。必要に応じ裁判所の許可を得て強制捜査や告発も行う。

(注9)
インサイダー取引
証券取引法第166条により、会社関係者や情報受領者などが、会社の重要事実を職務などに関して知り、公表される前に株式などの売買をすることは禁じら

れている。

1. 規制の対象者
(1) 会社関係者
　①会社の役員、従業員、パート、派遣社員など。
　②会社の帳簿閲覧権を有する株主。
　③会社に対して許認可権、立入り検査権など法令上の権限を有する公務員など。
　④会社と契約している取引銀行、仕入先・売上げ先などの取引先、公認会計士、弁護士、会議の通訳などが含まれる。
　⑤帳簿閲覧権を有する法人や契約を締結している法人の役員など。
　⑥退職などで会社関係者でなくなってから1年以内の者。
(2) 情報受領者
　会社関係者から、その会社の未公表の重要事実の伝達を受けた者。
(3) 公開買付者など関係者・情報受領者
　公開買付などの関係者から公開買付などの実施や中止に関する事実の伝達を受けた者を指す。

2. 重要事実
(1) 会社が意思決定したもの（決定事実に関する情報）
　株式、転換社債および新株引受権付社債の発行／発行登録および需要状況調査の開始／資本の減少／自己株式の取得／株式の分割／配当の増減／合併／営業の全部または一部の譲渡、または譲受け／解散／新製品または新技術の企業化／業務上の提携または解消／子会社の異動を伴う株式の譲渡または取得／固定資産の譲渡または取得／固定資産のリース／営業の全部または一部の休停止／上場廃止の申請／破産、和議の開始または更正手続開始の申立て／新事業の開始／公開買付または自己株式の公開買付／公開買付に関する意見表明など／取締役または使用人へのストック・オプションなどの付与／代表取締役の異動／人員削減などの合理化／商号の変更／1単位の株式数の変更／決算期の変更、など。
(2) 会社の意思に関わりなく発生したもの（発生事実に関する情報）
　災害または業務に起因する損害／主要株主の異動／上場廃止の原因となる事実／訴訟の提起または判決など／仮処分命令の申立てまたは決定など／営業の停止など行政庁による法令に基づく処分／親会社の異動／会社以外の者に

よる破産の申立てなど／手形、小切手の不渡りまたは手形交換所による取引停止処分／親会社または子会社に係る破産の申立て／債券の取立不能または取立遅延／主要取引先との取引停止／債務免除などの金融支援／資源の発見／株式発行の差止め請求／株主総会の招集請求／有価証券の含み損、など。

(3) 会社の決算情報

決算内容／業績予想の修正など／配当予想の修正など

(4) その他の重要事実（バスケット条項）

上記の3つ以外、投資者の投資判断に著しい影響を与える情報。

3. 公表

上場先の証券取引所などに重要事実を通知し、当該証券取引所などのホームページに掲載されることや、重要事実の記載された有価証券報告書などが公衆縦覧に供された場合も、公表されたことになる。

4. 規制の有価証券

株券／転換社債／新株引受権付社債券／新株引受権証書／新株引受権証券／普通社債券

5. 罰則

3年以下の懲役もしくは300万円以下の罰金（または併科）。また、法人の役職員などが違反した場合、行為者が罰せられるほか、その法人に対しても3億円以下の罰金が科せられる（両罰規定）。

第5章
緊急会見の進め方

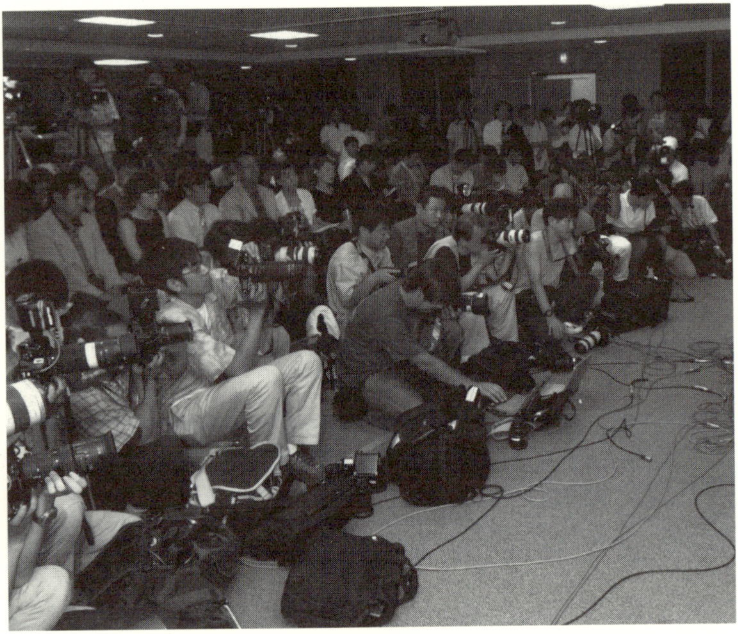

第5章　緊急会見の進め方

　会社に甚大なダメージを与える不祥事が発生した際、広報の最大の役目は二次的損害を最小限に食い止めること。その前提は、経営幹部が不祥事と真摯に向き合い、問題解決に臨む強い意志を示す以外に方策はない。

　リスクは、事業活動に必ず付随して発生する。「魔が差す」という言葉があるように、心ならずも悪事を働く関係者は、どこにでもいて「沖合いの暗雲（リスク）」が発生し、大津波に成長し襲来する場合もある。小さな暗雲（リスク）を事前に防ぐのがコンプライアンス体制（リスク管理体制）であり、法に触れるような大事案が発覚したとき、二次的損害が発生しないように対応するのが広報の役割である。謝罪会見は生活者、消費者を前にして信頼をつなぎ止め、ブランドの瑕疵を防ぎ、損害の極小化を図るリカバリーマネジメントでもある。不祥事の際に「クライシス・コミュニケーション」の拙劣が問われるのも、また広報である。いわゆる「広報力」の差が、これからの「社運」を決定づけるのである。

第5章　緊急会見の進め方
1. 会見の事例

　内部統制システム（危機管理体制）の一環として、不祥事が発生した場合に対処する「リスクマネジメント規定（マニュアル）」を設けている企業が多い。しかし一度、規定（マニュアル）を作ってしまうと、それに縛られ硬直化する可能性も考えられるので、不祥事の内容や影響予測を臨機応変に状況判断し、弾力的に運用しないと、対応に齟齬をきたしてしまう。

　例えば、不祥事が勃発すれば、会見の目安や社長が出席するかどうか、広報はその状況判断で常に頭を悩ます。これらは、明確に規定化（マニュアル化）できる案件ではなく、外部の状況変化に規定される場合も多い。

　下の表は広報対応の良否ではなく、企業不祥事でいつ、誰が、どのような内容で公表（会見や資料配布など）したか、事実のみを参考までに列挙しておく。「不祥事の情報価値」を読み取っていただきたい。

〔不当・虚偽表示〕

カワイ	02年2月	県の立入り検査を受け社長会見
三越	02年2月	カワイ製品を販売していた三越が社長名でコメント
ポスタルサービスセンター	02年2月	「ゆうパック」でカワイ製品を販売していた財団法人が記者会見
丸紅畜産	02年3月	立入り検査の3日後に社長会見
丸紅	02年3月	上記、丸紅畜産の社長会見に合わせ本社社長名でコメントを発表
	02年4月	丸紅畜産が排除命令と警告を受け、専務会見
	03年1月	上記、子会社の元部長の逮捕を受けてコメント

〔情報流失〕

ローソン	03年6月	個人情報が流失していたとして発表
アプラス	03年8月	7万9000名の個人情報が流失していたとして社長会見
ヤフーBB	04年2月	451万人の個人情報が流失していたとして社長会見
	5月	流失に関与した犯人が逮捕されたこと受け社長会見
東武鉄道	04年3月	13万人の個人情報が流失していたとして発表
ジャパネットたかた	04年3月	148名の個人情報が流失していたとした一部報道の朝刊記事を受けて午前11時と午後2時に社長会見
アッカ・ネットワークス	04年3月	一部報道の朝刊記事を受けて午前中に社長会見
	8月	3月の流失人数が34万人と確認したことで社長会見
阪急交通社	04年6月	個人情報が流失（62万人）していたとして社長会見
	8月	社長ら役員5名の報酬を20〜10%（3ヵ月）減額すると発表
千葉市	04年8月	閲覧用の住民台帳（9900名）を紛失したとして区長が会見

〔インサイダー取引〕

光通信	02年7月	地検に告発されたことを受けてコメント
大和証券SMBC	02年11月	地検に告発される前に社長会見

〔利益供与〕

クボタ	00年6月	役員が府警の事情聴取を受けて社長会見
住倉工業	02年3月	社長らが逮捕されたことを受けコメント
日本信販	02年11月	役員が逮捕された日に社長会見
西武鉄道	04年3月	警視庁が捜索に入る直前に集まっている報道陣にコメント配布。午後、社長会見
	04年8月	商法違反に問われた元・専務らの判決を受けてコメント

〔独占禁止法〕

ヨネックス	03年4月	公取委の立入り検査を受けてコメント
愛知時計電機	03年7月	社員の逮捕を受けてコメント　公取委の排除勧告を受けてコメント
東急パーキングシステムズ	03年8月	公取委の立入り検査を受けてコメント
日本電設工業	04年2月	公取委の立入り検査を受けてコメント

〔データ捏造〕

三井物産	04年11月	子会社が、ディーゼル車用のディーゼル排ガス浄化装置（DPF）を虚偽の試験データで基準値をクリアしたように偽装して製造、販売してきたとして本社社長らが、本社で謝罪会見。

	12 月	東京、千葉、埼玉、神奈川の4都県は、同社社員らを詐欺などのや疑いで警視庁に告発した。これを受け広報がコメントを発表
	12 月	本社社長は、本社でデータねつ造に関した社内調査の内容を記者会見で発表
	05 年 2 月	本社社長が、今回の処分について記者会見。
	3 月	国土交通省が交付した補助金などを三井物産に請求したことを受けコメントを発表
	6 月	三井物産は元社員3名が逮捕されたことを受け社長名でコメントを発表。また、同日20時30分から本社で、コンプライアンス担当専務らが記者会見。記者から社長が会見を欠席した理由を相次いで問われた
JFE スチール	05 年 2 月	社長らが、東日本製鉄所見学センターで謝罪会見
	2 月	「原因と再発防止策の報告書」を提出し、県庁で総務部長らが記者会見
	3 月	千葉地検と千葉海上保安部が同社千葉工業など家宅捜索に入ったことを受けコメントを発表
	10 月	判決が出たことを受けコメント発表
兼松日産農林	05 年 2 月	東証一部上場の「兼松日産農林」の社員が住宅用ビスなどの耐震性能を保証する国土交通相名の認定書を偽造していたことで、社長らが同省で会見
	3 月	社長らが記者会見し、強度偽装のビスが約6億本流通していることを明らかにした
	4 月	社長は会見で「社内調査の結果」を発表
	5 月	国土交通省で社長が記者会見し補強工事のメドがつき次第、社長を辞任するとした

〔その他〕

JFEスチール	04年8月	6月の異臭騒ぎの原因が同社工場内と分かって副所長らが会見（千葉県版だけに記事掲載された）
東横イン	06年1月	ホテルの不正改造問題が発覚し、社長が本社で午前、午後の2回、会見
	2月	国土交通省で社長と役員3名が謝罪会見。報道人約100名が出席

第5章　緊急会見の進め方

2. 会見前の注意点

【記者の期待値は…】

　企業が不祥事で謝罪会見を開くため、記者クラブや記者に連絡を入れたとき、その時点で記者はその会見内容に、ある期待をもって待機しているのではないだろうか。いわば、期待した内容で予定稿（ストーリー）が頭のなかにでき上がっているのかも知れない。

　記者が謝罪会見で企業に求める期待は、①当然、冒頭に謝罪はするだろう、②起こした不祥事の重大性を認め原因を究明し、③会社の責任を表明し、④再発防止策を構じるとともに、厳しい社内処分（社長辞任を含む）を明らかにするだろう、と。

　また、記者は①会社が、社会部記者の在籍する記者クラブで、会見するのは当然だ、②企業自らが起こした不祥事で、謝罪するのは当然だ、③記者の電話取材に、速やかに回答するのは当然だ、などと「企業広報として当然、やるべきこと」と考えているのかも知れない。この社会部記者の"当然"とする考えと、企業の"対応"に隔たりがあれば、その後の記者対応に混乱をきたすかも知れない。

　その会見内容が記者の期待値から外れていると、言い換えると頭のなかででき上がっている予定稿（ストーリー）と食い違っていると、記事の論調や見出しが厳しくなる。続報も期待を裏切った最初の会見に引きずられるため、当然、厳しい内容にならざるを得ない。最初の謝罪会見の内容次第で、以後の報道内容を規定するということになる。

（1）事前の準備
【公表情報を状況把握シート（ポジションペーパー）に】

　不祥事では、会見を行う時点で全ての原因が判明しているとは限らない。公表時点で確認できている情報で、外部にオープンする情報は社内で統一を図っておく。

状況把握シート（ポジションペーパー）とは、社内調査で収集した情報のなかで、公表できると判断した確認情報を簡潔にまとめたもの。社内の関係者が所持し、社外へもオープンにする資料である。判明した事実の内容やその経緯と現状、原因、対策などを記した公表できる社内の統一見解資料。長引く不祥事の場合、オープンできる新しい情報が判明した段階で、その情報を付け加えてゆく。

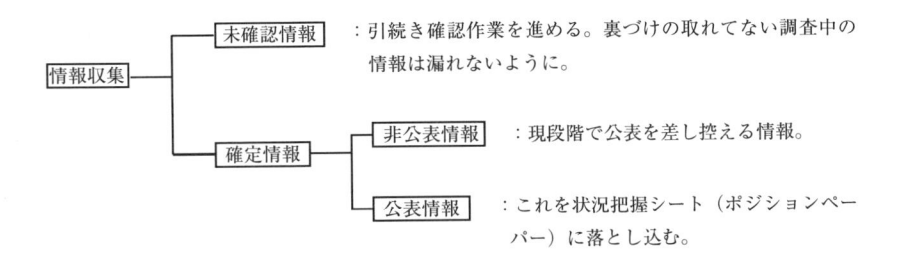

```
情報収集 ─┬─ 未確認情報 ：引続き確認作業を進める。裏づけの取れてない調査中の
          │              情報は漏れないように。
          │
          └─ 確定情報 ─┬─ 非公表情報 ：現段階で公表を差し控える情報。
                        │
                        └─ 公表情報 ：これを状況把握シート（ポジションペー
                                      パー）に落とし込む。
```

【状況把握シート（ポジションペーパー）】

「○○○○○○○○」について

作成日時
○○年○○月○○時○○分（No.　　　）
担当：○○○○

1. 事実内容：
　　○○○○○○○○○○○○○○○○○○○○○○○○○○

2. 事実の経緯と現況：
　　○○年○月○日○時○○分頃　　○○○○○○○○○○○○
　　○○年○月○日○時○○分頃　　○○○○○○○○○○○○
　　○○年○月○日○時○○分頃　　○○○○○○○○○○○○
　　○○年○月○日○時○○分現在　○○○○○○○○○○○○

3. 原因：
　　○○○○○○○○○○○○○○○○○○○

4. 対策：
　　○月○日
　　○月○日
　　○月○日

5. 見解：
　　○○○○○○○○○○○○○○○○○○○○○○○

以上

お問合せ先：住所、電話、FAX、メールアドレス、担当者名を記入

【想定質問と回答文の作成】

　謝罪会見の開催を案内したとき、詳しい内容を知らないまま会場に駆けつける記者もいるので、5W1Hの回答案を状況把握シート（ポジションペーパー）に落し込む。比較的How（どのようにして）、Why（なぜ）に係る質問が多い。
　①いつ、どこで、何が起こったのか、
　②現在、どこまで把握し、どういう対策を取っているのか、
　③原因（誰が、どうして、なぜ起こしたのか）は何だと考えるのか、
　④経営トップはいつ知ったか、知ったときどう指示したのか、
　⑤過去に、同じような事案を起こしてないか、

　甘い想定を捨てて、最悪のシナリオを想像し記者の質問を考えること。会見者が「それはまだ確認しておりません」と回答すると、記者が「今、確認できるでしょ！」と、突っ込んでくる場合も多いし、意図的に言質を取ろうとする記者もいる。記者は警察や消防などから確かな情報を入手していて、状況把握シート（ポジションペーパー）以上の未確認情報や非公開情報を掴み、会見後に本当に知りたいことを、電話で広報にぶつけてくるケースもある。

【報道資料の作成】

　小出しの情報は仮説や憶測を呼び、違った方向に行く可能性があるので要注意。不祥事の「始末のつけ方」で責任者の処分が甘いと、二次的損害が発生しやすい。
　状況把握シート（ポジションペーパー）に準拠して作成するが、最初の会見で全てを網羅できないこともある。
　・謝罪（死傷者が出た場合は、哀悼の言葉を入れる）
　・事実関係（公表時点での事実の経過と現状と対策）
　以下の3点が公表時点で判明できていないときは、後日改めて公表機会を設ける。
　・原因（責任の所在）

- 再発防止策
- 責任者の処分

【スポークスマンの選定】
社会部記者の特徴は、
①事実の整合性が理解できる細かい点まで取材する、
②管理責任について、分かっている人から聞く傾向にある、
そのため、会見に臨むのは会社を代表する役職者と、サポート役で事態を詳しく知る立場の社員2名。このうち1名は、技術的なことが分かっている社員を加える

司会は広報が担当する。

広報は、会見に社長が出てもらうかどうか、常に頭を悩ますところだ。社会部記者は、「企業判断にもよるが…」としながら、おおよその目安として、
①企業の存亡に関わる一大事なら、トップが考えを述べるべきだろう、
②企業に大きなダメージを与えかねない刑事事件の大半では、社長がスポークスマンになるケースが多い、
としている。

スポークスマンが、会見に臨む主な要点は、
・体とテーブルの間はこぶし一個半空ける。
・目は質問した記者に向けて、キョロキョロしない。
・手の動きに注意(マイクや眼鏡には触らない。両手を握っておくとよい)
・ゆっくりと、簡潔に話す。
・社章は付けておく

【ネームプレートなど】
準備していないと、会見の冒頭に「会見者の役職と名前を書いて！」と強い調子で、記者の声が飛んでくることがある。初めて謝罪会見する者に向って、立ちすくむような大声を出す記者もいる。会見で配付する資料として事前に用意しておくとよい。

【服　装】
　カラーカウンセラーの木下代理子氏は、反省やお詫びの気持ちが相手に伝わりやすい色としてグレイをあげる。(「色で変わる人間心理」04年、実業之日本社)
①自分のミスによる謝罪の場合
　・スーツ：グレイ
　・ネクタイ：グレイ（スーツより淡いパールグレイや銀鼠）
　・シャツ：白
　・ク　ツ：黒
②組織や部下のミスによる謝罪の場合
　・スーツ：グレイ
　・ネクタイ：青緑
　・シャツ：白
　・ク　ツ：黒
　　その他、細かい柄のスーツは避ける。腕時計にも注意したい。高価な腕時計を付けて謝罪会見に臨んだため、TVで映され、会見者が揶揄されたケースもある。

【報道受付】
　女性2～3名で会見30分前に受付開始。名刺受け、筆記具のほか会社（支店、工場）カタログ、報道資料（着席順に沿った会見者の役職・氏名を明記したものと謝罪の発表資料）を備えておく。

(2)　会見場所
　謝罪会見の会場は基本的に、2つの会場が考えられる。
【本社会議室】
　自社で行うので心理的に楽だが、記者クラブの幹事社に本社での会見を申込んだ段階で、通信社が加盟社、契約社に配信するため、広報として来て欲しくないメディアも出席する可能性がある。また、記者から「お詫び

なのに、呼びつけるのか」とクレームが出る場合がある。

会場は50〜100名が入れる広さの部屋を準備。狭いと殺気立ったりするが、広いとカメラのフラッシュが分散し、会見者が緊張するのを避ける効果もある。

また、強い熱を発するTVのライトや記者の人いきれで、会見室の温度が上がり会見者が汗を流す事態は避けたい。空調や室内温度にも注意が必要だ。対策本部を設けるときには、記者控室や会見場と離れた所（できれば階も離れたところ）に設置する。最近の事例で記憶に新しいのは阪神・淡路大震災の災害時に、マスコミが対策本部に入り込み、非公開情報や確認メモを放送してしまったことがある。

【記者クラブ会見室】

敵陣に乗り込むような心理的負担があるが、会見を仕切る幹事社に日頃の取材で親しい経済部記者がいれば、会見終了時を見計って「幹事さん、もういいでしょうか」と助け舟を求めることが可能だ。

【会場レイアウトなど】

本社で会見をする場合、多数の記者が参集すれば、記者同士が会場で混乱を起こしかねない。写真部記者は記事よりも「1枚の写真こそ全てを物語る原稿」とばかり、被写体のあらゆる角度から照準をあわせ動き回り、写真部記者同士がぶつかり合う。テレビクルーも場所取りに懸命になり、いい位置を占めようと衝突する。社会部記者、TV、写真部記者それぞれの位置を決めておきたい。

社会部記者は中央部、テレビカメラは会見場の後方、写真部記者は会見者と社会部記者との間の左右に配置し、広報はカメラマンが会見者の後ろに回らないように注意することが肝要だ。不測の事態が起こらないように、できれば事前に了解事項として「お願い事」を説明しておくことが必要だ。

会見者のテーブルには足を隠すシートカバーが必要。

謝罪会見のとき、会見者のテーブルにクロスを掛け忘れ、足を隠さなかったため、会見後に記者が「あの社長さん、お詫びしてなかったですなー」

と広報に詰め寄ったことがある。その社長は柔道有段者であるため、座ればガニ股になってしまうことから「謝罪の姿勢ではなく、謝罪の誠意がみえない」との指摘を受けたのだ。

【弁護士同席は…】

欧米では事故やトラブルが起こっても、その対応に過誤がなければ、謝罪することはしない。また欧米では、記者会見に弁護士を同席させることも珍しいことではない。しかしわが国ではどうだろうか。

企業不祥事で行う最初の会見で弁護士の同席は、読者や視聴者がどう思うかである。問われているのは法律違反ではなく、まず企業の起こしたことへの道義的責任であり、その対応を読者や視聴者が目をこらして見ているのである。ここで、弁護士が「違法性はないと判断している」と、答えようものなら読者を"鏡"とする社会部記者の報道によって、二次的損害を招きかねない。適法かどうかは裁判の問題であり、会見では「会社としては、この事態をどう考えているのか」など道義的、社会的責任が問われているのである。しかし、社内調査委員長に弁護士が就いた場合、調査結果の会見の席に弁護士同席はあり得る。また、訴訟問題での会見も同じである。かつて、特許権侵害で米国企業が日本企業3社を訴える会見を、重工記者クラブで行ったことがある。幹事社が米国企業の会見とバランスをとるため、日本企業に連絡し見解を求めたところ、企業側では弁護士が記者クラブに赴き、会社側の考えを説明したという例もある。

【締切時間を念頭に】

新聞の原稿締切時間を念頭に入れて、会見時間を設定する。報道受付で「○○時のニュースに入れたいから、会見時間を早めてくれないか」と要望を出すテレビ局の記者もいるが、時間通りに来た記者からクレームが出ることもあるので、開始時間は当初の時間を厳守すること。あくまで「平等」を盾にすると、取材陣側は納得するものである。ただし、新聞やテレビは締切時間が決まっているが、通信社には「ない」ということを念頭に入れておかなければならない。

また、記者は現場での状況をデスクに連絡することになっており、臨時記者室（控え室）に案内した記者には適宜、「約30分、遅れます」とか「○○時に会見を始める予定です」と伝えること。それをしないと、原稿締切りの関係から控え室に険悪な空気が流れ、謝罪会見にも影響を与えかねない。臨時記者室（控え室）には、お茶や会社概要も備えておくのが望ましい。

〔記者の見方：産業災害の会見の場合〕
・会社が記者会見で準備する資料は、会社概要と工場見取り図、あわせて被災者の社員プロフィール（家族の了解が必要）。
・会見場所は、発生場所で行うのが原則。
・本社会見では、その部門の統括者が会見に出る。（「しからば会社はどうするのか」との記者の質問に答えられる人）現地との情報が不一致と指摘されることがあるので、公開できる情報を統一しておくこと。
・市民生活に被害が及びダメージが大きいと判断する場合、社長を出す（そうでないときは、社長が全てを知っている訳ではないので、出てくるのは転換点のときでいい）。
・会社は「防衛線」を決めておくこと。
・冒頭、謝ったほうがおさまる（近隣住民に被害が及ばなくても、不安にさせたり騒がせたことで陳謝する）。
・テレビ映りでは、頭髪の薄い丸顔の人が頭を下げたほうが「本当にお詫びしている印象を視聴者に与える」（テレビ記者）。
・会見時間は、一時間を超えることもある。記者が納得したか見極める必要はある。
・言えることは言ってしまったほうがいい。
・工場火災のように事件が長引く場合、臨時記者室をもうけ、「1時間後に、再度この場所で会見します」としたり、特に新しい情報がなくても定期的な会見をした方が、記者と広報が混乱しなくて済む。

第5章　緊急会見の進め方

3. 会見中の注意点

【司会者の禁句】

　会見時間を「30分程度…」というように区切ることは、避ける。最初の会見は最低でも1時間程度は覚悟しておき、記者の質問の状態を見計らって「このあたりでよろしいでしょうか」と、記者の様子を窺いながら終わるようにしたい。この辺りが社会部記者と経済部、産業部相手の記者会見との違いである。
　①雪印食品牛肉偽装事件の最初の会見では、終了まで1時間30分を要した（02年1月23日）
　②東横インのホテル改造問題での社長謝罪会見は40分（06年2月6日）
　③パロマガスの瞬間湯沸器の一酸化炭素中毒事故では2時間30分の会見時間だった（06年7月18日）

【会見者の禁句】

　消費者、生活者（その代表である記者）と真摯に向き合って、誠実な言動を心掛ける。記者と向き合うことは、会社の顧客に応じることと同義と思うべし。木で花をくくったような対応をすると、悪い部分の発言だけを膨らまして書く、あるいはその部分を輪切りにしてテレビ画面で放送されることも可能になってしまう。
　①現時点で判明したことを話し推測、個人的見解は話さない（社会部記者は誘導質問が得意である）。
　②感情的な受け答えはしない（記者は"失言"を待っている）。
　③専門用語は使わない。
　④責任転嫁する答えはしない。
　⑤前回の回答とコロコロと変わる答えはしない。
　⑥質問は最後まで聞いて、丁寧で簡潔に。

【面接時の姿勢で…】

　緊急時には、どんな腹の据わったトップでも冷静さを失いがちになる。まして、緊急会見時では、テレビは会見直前や会見者が入室した途端、強烈なライトを浴びせる。写真部記者も会見者の動きを狙うため、おじぎをしたとき、ハンカチで顔をぬぐうとき、ネクタイや眼鏡に手をやったときなどにシャッターを押す。フラッシュが一斉にたかれ、会見者はあがってしまい、事前に記憶していた「会見時の注意点」など、吹き飛んでしまうこともある。あくびをするなどは致命的。こういうときは、「面接」を思い出してほしい。足を組んではならないし、背筋も伸ばし、ハキハキと答えたはずである。

　「ノーコメント（言うことはない）」と発することはタブーである。記者に挑戦している印象を与えるほか、何か隠しているように取られやすく「話せない理由は何か？」との質問を誘発する。また、憶測で話さないこと。現在時点で、分かっている事実のみを話し、分からないことは、「現時点では、まだ分りません」とはっきり言って、その理由を明確に伝えること。少なくとも記者は、会見に出てくる経営幹部が生活者、消費者を軽視せず、真摯に向き合っているかどうか、問題解決を図る強い意思が伝わってくるかどうかをみている。

　推測で話し、外れた場合には、結果的に誤報を生むこともあり、「あのとき、ウソをついた」とされると取り返しのつかない事態となるのが常である。「ウソ」は「ノーコメント」以上のタブー。記者は徹底して調べ始める。

　広報は会場の後方で、質疑応答の内容をメモし、翌朝に掲載される記事で何が誤解を与えたかなど、今後の広報対応に役立たせるようチェックする。日々広報活動についての修正点を相互に見つけ出し、前進する姿勢を維持することが、組織の活力を生む源でもある。

【記者の見方：会見について】

　中央官庁の大臣や事務次官が行う定例的な会見だけでなく、事前に申し

込まれている会見や、緊急会見の場合でも逐一「会見予定」をデスクに連絡する。例えば、内容や要点、開催時間、会見場所をデスクに伝え、それによってテレビカメラや写真部記者の派遣など取材体制を組む。緊急会見の連絡は比較的、兜倶楽部に多い。M&A、業務提携、社長交代、合併などの発表（会見）を申込んでくるが、重要案件では内容を詳しく言わないため、写真部記者やTVカメラのクルーを派遣するか迷うことも多い。謝罪会見も兜倶楽部に申込んでくるときもある。

　近年とみに増えているのは、国土交通省の国土交通記者会での謝罪会見だ。リコール隠しとか、大規模交通災害の報告、エアライン内部のごたごた・社長交代劇など目白押しなのだ。加えて、経済産業省での欠陥製品の公表に続く、メーカー担当者の会見も目立ってきている。大手メーカーのファンヒーターで、過去に死者も出ているケースが公表され、製品の交換の動きが全国的な規模で展開されたことも記憶に新しい。

　会見では、他社が何を書こうとしているのか、どこまで情報を掴んでいるかは、質問で分かる。会見は他社の報道内容を予測するのにいい機会になる。独自取材で得た情報は、その場では聞かず後から広報に問い合せる。

　記者会見する理由にも考えを巡らせる。相手の狙いはなにか、世論（情報）操作されてないかと…。不審があればデスクと相談する。

　どこの場所に着席するかも大切。相手の真正面に座って、自分の存在を相手に認めさせ、会見後の取材を容易にするなどの手を使う。いわば「記者」も、単なる「物書き」からスタートするが、取材のテクニックを知るにつれ「接客業」の裏技ともいうべき術を体得するものである。「真摯な態度にひかれる」「笑顔にひかれる」など、記者が体全体で発する「信号」をまともに受け止めると、しゃべらなくてもいいようなことまで「発言」してしまうことがしょっちゅう起きてくる。これは、会見に出席する担当者も人の子、記者も人の子で、「接客業」のノウハウが依って立つべき基本的な根幹である。記者は、常にこの「根幹」に頼ってスクープを狙っていると言い換えても過言ではない。つまり、スクープは「人柄」なのである。「人格を磨け」というのは、そのことを言い当てた名言であろう。

4. 会見後の注意点

【論調分析】

記事やテレビニュースのモニターチェックし、論調を調べてみる。事件や不祥事の記事が5W1Hだけで構成されているストレート記事か、「企業体質」「組織に問題」などにまで踏み込んだ記事かを確認。「企業体質」「組織に問題」の字句が見られ始めると、記者の企業を見る目に厳しさが増しており、すでに経営の責任問題に狙いが定められていることを示している。

【誤報対応】

人名や数字が明らかに違っている場合や、同姓同名のため、別人のコメントを掲載してしまった場合など、明確な誤報であれば「訂正記事」は可能だ。しかし、表現上の解釈の違いで判断に迷う場合などは、訂正記事は難しいと思って間違いない。また、信頼に足る"スジ"からの話だと、確認せず記事にするケースもある。各社が一斉に取材を開始すると、俗に言う「飛ばし記事」が載ってしまう場合もある。

かつて「間違ったことをお書きになれば、相応の判断（訴訟）を考えざるを得ません」と、記者の取材を牽制した広報もいたが、「その企業が何か不祥事でも起こせば、そのときは徹底的に書く」（社会部記者）とする記者も中にはいる。

以下は、ある外資系企業が全国紙に誤報を書かれた折の対応のケース。
①記者クラブには、「一部報道によれば」として「誤報部分」を指摘（資料配布）。
②掲載したメディアの編集局長に、「誤報部分」を指摘(郵送)。
③ホームページ上で、メディアの社名を出し「誤報部分」を指摘し開示。

【リスク管理規定】

企業が内包する「沖合いの暗雲（リスク）」に備え、不祥事を含む危機

管理の規定（マニュアル）を設けることも、リスク管理のひとつ。ここで、広報が直接関係する「誤報」の社内規定をみておこう。

危機管理行動マニュアル（誤報対策規定）

〔総則〕
誤報に関する規定は、会社の経営について新聞、テレビ、週刊誌など報道機関により誤報、もしくは誤報と思われる報道、および風評がなされた場合の対処を定める。

〔通報義務〕
社員は、以下の場合は直ちに広報部（TEL.〇〇〇〇－〇〇〇〇または内線〇〇〇〇）に連絡しなければならない。
(1) 社員は誤報、もしくは誤報と思われる報道がなされたことを知ったとき、
(2) 第三者から誤報の内容を入手したとき、

〔事実関係の確認〕
(1) 広報部は誤報、もしくは誤報と思われる報道が社員から伝えられたとき、直ちにこれら内容の事実関係を調査する。

〔対処〕
広報部長は、これらの誤報、誤報と思われる報道を確認したときは、次の対処を行う。
(1) 誤報、誤報と思われる報道による影響予測（株価、金融機関、取引先、消費者、行政の反応など）
(2) 広報担当役員への報告
(3) 報道機関などへの対応方法の検討
(4) 取引会社など、関係機関への説明

〔役員への報告内容〕
(1) 誤報、誤報と思われる報道を確認した日時
(2) 報道機関名
(3) 誤報、誤報と思われる報道の内容
(4) 誤報、誤報と思われる報道による影響予測

〔報道機関への対処〕
(1) 明確な誤報の場合、各報道機関（当該記者クラブ含む）へ誤報部分に関して資料配布する
(2) 明確な誤報の場合、影響度合いを判断し、記事を書いた記者、次いで誤報を行った報道機関の編集局当該部長宛に抗議文を郵送もしくは手渡し、訂正を求める。

〔取引会社など、関係機関への説明〕
(1) ホームページ上に、誤報部分を掲載する。
(2) 取引先には文書で伝える。
(3) 社員にはイントラネットで伝える。

〔その他〕
各ステークホルダーからの問い合わせに関しては、各部は情報を共有したうえで事実関係を説明し、理解を得る。
(1) 問い合わせが「報道機関」のとき：広報部
(2) 問い合わせが「株主」のとき：総務部IR室
(3) 問い合わせが「取引先」のとき：所管営業部
(4) 問い合わせが「行政」のとき：総務部総務課
(5) 問い合わせが「消費者」のとき：お客様相談室

(「危機管理・リスクマネジメント規定集」を一部修正し書き加えた。荻原勝著、中央経済社　平成16年8月刊、第4刷)

【取材記録ノート】

取材記録ノート　　　（受付者：　　　　）

申込み日　年　月　日（　）　時　分 □電話　　　□来社　　　□メール　　　□FAX	
媒体名	部署（番組）
名　前 （所属 倶楽部）	連絡先　電話： 　　　　　携帯： 　　　　　FAX：
取材内容： 	
取材日：　　年　月　日（　）　時　分～　時　分	
取材対応者：	
対　応：□面談 □電話対応 □資料提供（資料名：　　　　　　　　　　）	
報道結果：　年　月　日（　） 　　新　聞：媒体名（　　　　　　　　）□朝刊　□夕刊　　面 　　テレビ：番組名（　　　　　　　　　　） 　　　　　　タイトル（　　　　　　　　　　） 　　雑　誌：媒体名（　　　　　　　　） 　　　　　　タイトル（　　　　　　　　　　）	

186　第5章　緊急会見の進め方

【会場レイアウト参考図】

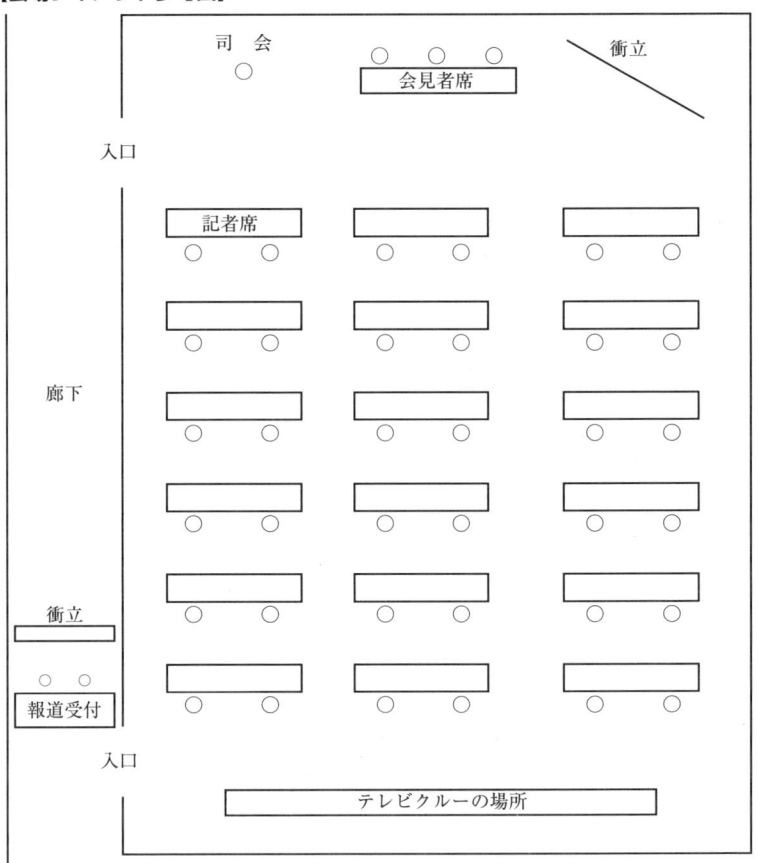

あとがき

あわりに

「顧客とは、直接その会社の商品やサービスを購入する者。そして、その会社の商品やサービスを購入しない人を含め、潜在的なエンドユーザーを消費者」と、消費者を企業の関係で定義する見方がある。しかし、潜在的なエンドユーザーであろうとなかろうと、消費者という用語には、企業の商品やサービスを購入するだけの人達といったイメージが強く、企業との間で多様な接点を見出しにくい。

顧客や消費者は企業と「消費」の一点だけで、接点を持つ関係だろうか。人も企業も、それ自体で社会的、経済的存在である。企業は法人格を与えられたひとつの生命体として、人と共生関係にある。

生活者は、消費という部分で企業と繋がりながら、もう少し大きな概念で、企業と同じ社会的、経済的なパートナーの関係を持つ。生活者は企業からの情報を受け、その企業のイメージを定着化させる。そして、企業の顧客になるだけでなく、個人株主として、また、子弟のリクルートでは、その企業の諾否を助言する存在である。それに加え、人は「消費」以外のところでも、企業のコーポレートブランドで培われたイメージを抱きながら生活している。いわば、人は生活総体として企業と共生（きずな）関係を結ぶ。本書はそういう意味で、消費者というより「生活者」という言葉を多用している。

これらの生活者は、企業が不祥事を起こすと、拒否反応を明確に示し、"きずな"という共生関係に距離を置こうと動く。企業と生活者の"きずな"は、コミュニケーションにより成り立つ。企業不祥事の際、このコミュニケーションが機能せず、クライシスに陥り企業自らが"きずな"を断とうとするかのような動きが後を断たない。

企業は社会を支える大きな存在である。しかし、企業は時として、生活者も社会を支える大きな存在であることを忘れ、内輪の論理（ローカルルール）で不祥事に対処しようとする。企業が企業市民の認識を持たないと、

生活者からその存在すら拒否される時代であり、その認識の欠如が、クライシスを発生させる要因でもある。

　企業は生活者と共生（きずな）関係にありながら、その関係は相対的であって、必ずしもイーコールパートナーではない。企業は、現在も生活者に対し強者であることに変わりは無く、不祥事の際も、強者の「ローカルルール」で振舞いがちになる。弱者である生活者は、そのような企業に「イエローカード」を掲げ、社会部記者が生活者を"鏡"とした記事を書く。生活者を背後に持ち、戦闘的集団である社会部記者に対し、企業内価値観（ローカルルール）だけで対処する結果、不祥事記事の継続性が高まり二次的損害に結びついてゆく。不祥事は大火（二次的損害）になる前に、小さな火（一次的損害）のうちに消火させること。そのためのキーワードは「迅速に、逃げず、隠さず、ウソつかず（または小出しせず）」である。

　企業はまず、起こした不祥事の道義性で非難される。企業不祥事の際、この前提をないがしろにするため、「どう対応するか」といったノウハウに走りがちになる。不祥事を起こした各社の会見をみると、頭の下げ方からコメントまで金太郎飴のように類似的である。肉声がなく誠意の感じられないノウハウだけの対応は、賢い生活者に見透かされてしまう。「人は起こしたことで非難される」との認識の有無が、生活者から"きずな"を断ち切られるかどうかの分岐点になる。

　昨今、「勝ち組」と「負け組」の格差が広がり、索漠感の広がりを見せるなかで、時代は"きずな"を求めているのではないかと思える。人と人との"きずな"、社員と会社との"きずな"、生活者と企業の"きずな"…。

　"きずな"は共生を根底に持たない弱肉強食の社会では芽生えない。企業は、どのような"きずな"で社会と共生しようとするのだろうか。それぞれの企業が、CSR（企業の社会的責任）など模索しながら、その"きずな"を構築する動きが盛んだ。企業不祥事では、企業のローカルルールを起点に考えるのではなく、まず「生活者視線」から発想し、社会に発信すること。それが生活者との傷ついた信頼という"きずな"を回復させる第一歩になる。そして、そのコミュニケーション役を担う広報の役割は、ますます重いものになる。

かつて、不祥事でマスコミに対応する広報の心構えとして「KKD（勘と経験と度胸）」と言われた。会社の社運がかかる不祥事に、不祥事対応の予備知識や基本姿勢のない広報が、「KKD（勘と経験と度胸）」で対応されては、従業員だけでなく、その関係者もたまったものではない。

なお、本書は主に、第一次情報を報道する新聞報道をまとめた。週刊誌、テレビ報道については別の機会に譲りたい。

　　　　☆　　　　　　　☆　　　　　　　☆

本書の「4章　事例にみる企業不祥事」では、実際の企業不祥事の実名を避け日時、発生場所、内容をデフォルメして紹介した。他の章では、広報現場でリアルに問題が把握できるよう実名を明記せざるを得なかったが、それらの企業でも不祥事以降ご努力され、それこそ「始末のつけ方（再発防止策）」を明確に打ち出されたところは、分かる範囲で触れてみた。本来なら、直接お話をお伺いして「その後のご努力」を紹介すべきとも考えたが、すでにHP上で「社内調査」「再発防止策」「責任者の処分」など掲載されていることや、本書の性格が「企業不祥事」に多くを割いたため、大部分は割愛させていただいた。また、事例の「事件の経過」では、筆者がひとつひとつの事実関係を取材して回れないため、また、その能力に欠けていることもあり、朝日、読売、毎日、日経、産経、東京の各紙を参考にさせていただいた。

各新聞を閲覧していると、インターネットにはない個性を感じる。事案の記事が一面掲載か総合面か、それとも社会面かなど、掲載面や扱い段数などひと目で情報価値が判別できる。「時代の変化」などのヒントも文化面などをみれば示唆に富んだ記事にぶつかることがある。インターネットにはない面白さである。インターネットは大きな事案は扱うが、そうでないニュースは落としている。速報性では優れているが、情報全体の扱いが大味だ。これはテレビメディアでも同じだが、こちらは飛行機事故や紛糾場面など修羅場で力を発揮するメディアである。新聞部数が、インターネットの普及で低減傾向にあると耳にするが、情報全体を把握できるメディアは新聞に優るものはない。

☆　　　　　☆　　　　　　☆

　本書を出すきっかけになったのは、記者との酒席である。
　PR会社は、ごくごく簡単に言うとクライアントとマスコミとのインターフェイスをビジネスモデルとする。大手PR会社にいる私はマスコミとのネットワークづくりを、酒を仲立ちにして励んだ。それが結局、クライアントに役立つと考えたからだ。
　「酒を一生分」は飲んだ。ある財界人の「コーヒー10杯より酒1回のほうが親しくなれる」との言葉を信じ、酒を飲みながらマスコミと付き合った。
　酒場は多岐に及んだ。親しくなるうちB級グルメの社会部記者が、行きつけの店を案内してくれるようになった。
　こうした記者の方々と酒を酌み交わしているうちに、「年金や社会保障」など「シルバー世代の今後」に話題が落ち着いた。それならば講師を招いて、話を聞く機会を作ろうということになり、勤務時間が終わった19時からマスコミの会議室を拝借して始まった。現在、会員数は新聞記者、週刊誌記者、雑誌編集者やフリーライターなどマスコミ関係者に加え弁護士、税理士、大学教授など70名近くにおよぶ。
　この会員諸氏に企業不祥事について、広報対応や記者の見方、考え方を聞いているうちに「君が書いてみたら」と進められたのが本書である。
　書き進めるうちに盛り上がりに欠けていたり、いくら想像力を働かせて創作してみても、臨場感が不足していたりで悪戦苦闘。そのたびに、記者たちに相談した。
　実は本書の原稿は一昨年の年末には、大方でき上がっていたのだが、平成17(05)年師走、思いもよらぬ母の交通事故とその後の「不幸」の後始末、それに続く小生の手術などが重なって身辺が多忙を極めた。上梓するのを諦めかけていたのだが、彼らの厚情で世に出ることになった。もし、お読みになった方が、少しでも参考になったとお感じになられたとすれば、それは助言や激励してくれた彼らに負うところが多いということである。本

書を出すに当たり、背中を押してくれた記者諸氏に厚くお礼を申し上げる。

現在、記者の方々から、こうした良好な関係を発展させて、ＯＢ記者を軸としたＮＰＯ法人の設立を目指してみてはと提案されている。ＣＳＲという企業と社会の「関係の相対性」が改めて模索されているなかで、少しでも健全な社会創造の一助になればと考えている。

社会部記者との酒席が有意義な話題で終るとき、おそらく他社との特ダネ合戦の局面で発せられる「今日は、圧勝やったな」という言葉が、たびたび記者の口をついて出た。本書が「圧勝」だったかどうかは、読者のご判断である。

また、私の居住する千葉ニュータウンの白井図書館では、インターネット検索を１時間無料で使わせてくれる。土日に資料調べに充てた。私の知る限り他の図書館にはないサービスで、大いに役立った。

終わりに、出版にあたり何かと貴重な意見を授けていただいた竹内書店新社の宮田哲男氏に厚く感謝を申し上げたい。

平成19年1月　　母の一年祭を前に記す

「なんかい倶楽部」事務局長

川野憲一

参考文献

『雪印の落日』　藤原邦彦　　　　　　　　　　　　　　　緑風出版（02 年 3 月）
『内部告発』　今西憲之　　　　　　　　　　　　　　　　鹿砦社（03 年 3 月）
『内部告発の時代』　宮本一子　　　　　　　　　　　　　花伝社（02 年 12 月）
『失敗からの教訓』　広報戦略研究所編　　　　　　　　　学研（03 年 9 月）
『新聞記者の仕事』　坂本龍彦・生井久美子　　　　　　　岩波書店（00 年 6 月）
『新聞記事が「わかる」技術』　北村肇　　　　　　　　　講談社（03 年 8 月）
『共同通信社会部』　社団法人共同通信社社会部編　　　　㈱共同通信社
『実践ジャーナリスト読本』　読売新聞社調査研究本部編　中央公論社
『企業リスクのすべてその事例と対策』
　東京海上火災保険企業リスクコンサルティング室　　　東洋経済新報社（95 年 11 月）
『実践・危機管理読本』　藤江俊彦　　　　日本コンサルタントグループ（01 年 11 月）
『企業のリスクコミュニケーション』　後藤正彦
　　　　　　　　　　　　　　　日本能率協会マネジメントセンター（01 年 5 月）
『企業を危機から守るクライシスコミュニケーションが見る見るわかる』
　　　　　　　　　　東京商工会議所編　　サンマーク出版（01 年 1 月）
『危機管理読本』　　　　　　　　　　　　　　　　　　　都政新報社（01 年 10 月）
『実務企業統治・コンプライアンス講義』　井窪保彦、佐長功、田口和幸編著
　　　　　　　　　　　　　　　　　　　　　　　　　　民事法研究会（平成 16 年 12 月）
『名誉毀損裁判』　浜辺陽一郎　　　　　　　　　　　　　平凡社新書（05 年 1 月）
『危機管理・リスクマネジメント規定集』　荻原　勝　　　中央経済社（04 年 8 月）
『なぜ企業不祥事は、なくならないのか』　國廣正, 五味祐子　日本経済新聞社(05 年 3 月）

　このほか、本書の性格上、朝日新聞、毎日新聞、読売新聞、日本経済新聞、産経新聞、東京新聞などの新聞記事を多数参考にしている。
　また、本文中の写真 4 点は、すべて毎日新聞社の許諾を得て掲載している。

　42 頁 ……　「毎日新聞」2002 年 1 月 23 日夕刊（大阪）
　88 頁 ……　「毎日新聞」2002 年 8 月 21 日朝刊
　124 頁 ……　「毎日新聞」2000 年 7 月 6 日夕刊（東京）
　164 頁 ……　「毎日新聞」2001 年 8 月 31 日夕刊（東京）

《索引》

あ

AIDMA（アイドマ）の法則 13
ROE(株主資本利益率) 14
アカウンタビリティ 12, 33
悪質性 43, 62, 64
朝駆け 93, 103, 105, 106, 115, 130
アジェンダセッター 87, 148
アナリスト 16, 34
アングロサクソン（米国流） 13
安全性 8, 43, 79,

い

一過性記事 75
一般株主 8
イベント 10, 13
インサイダー取引 16, 50, 59, 147, 148, 160, 167
インターネット 10, 36, 59, 87, 99, 117, 190, 192
隠蔽体質 65
隠蔽リスク 11
インベスターへのコミュニケーション（IR） 14

う

運輸省 3, 4, 47

え

NGO（非政府組織） 8
NPO（特定非営利団体） 8
エンドユーザー 12, 188,

お

オーナー経営 24

オフレコ 126
お詫び会見（謝罪会見） 31

か

会見時間 177, 178, 179
外資系企業 7, 182
買い控え 20, 22, 32
開発投資 13
外部感覚 12, 23, 32
書き得記事 87
価値観 14, 17, 19, 189
兜倶楽部 15, 18, 32, 33, 34, 100, 126, 181
株主代表訴訟 11, 45, 46, 50, 129
監査法人 17, 55, 56
監査役 7
官製談合 20, 59
間接税 5

き

機関投資家 16, 18, 34, 55
企業価値 14, 15, 19, 22, 45, 65, 87
企業行動憲章 61, 78, 79
企業広報活動 10, 25
企業姿勢 43, 57, 58, 69
企業の常識 20
企業の将来展望 14
企業批判 55
企業防衛 21
記者クラブ（記者室） 2, 3, 4, 16, 31, 33, 34, 35, 36, 37, 38, 45, 55, 76, 95, 104, 105, 106, 107, 108, 109, 110, 112, 117, 127, 130, 141, 151, 155,

　　　　　170, 175, 176, 177, 182, 184
キャリア　3, 4, 196
行政改革　89
行政罰　22
禁句　179

く

下りネタ　98
クライシス局面　21, 24, 27
クライシス・コミュニケーション　14, 20, 26, 33, 165
クライシスマネジメント　12
グローバルスタンダード　54, 58, 89

け

経営課題　14
経営環境　7,
経営リスク　11, 15, 17, 20, 23, 25, 26, 41, 43, 46, 50, 54, 59, 71
経済専門紙　17, 18, 39, 101, 148
警鐘報道　13, 33
警視庁　2, 3, 7, 71, 72, 73, 103, 104, 105, 106, 107, 108, 110, 111, 112, 118, 121, 122, 131, 167
警視庁記者クラブ　104, 105, 106, 107, 108
警視庁七社会　104, 121
刑事罰　22, 58
継続的記事　75
欠陥商品　51
検証報道　75

こ

広域性　43, 152
公害　51, 62, 81
高株価経営　14

広告　6, 13, 20, 21, 32, 39, 40
広告宣伝　32
公正取引委員会　59, 77, 115
公聴機能　23
公表リスク　11
広報システム　2, 4, 6, 7
広報の財産　31
広報マインド　7, 8, 9
広報力　165
コーチングスタッフ　31, 43
コーポレート・ブランド　14, 21
コーポレートガバナンス　25
コーポレートレピュテーション　10, 14, 21, 25, 188
国税庁　4, 5, 6, 45, 60, 76, 103, 109, 110, 115, 116
個人情報　11, 78, 79, 84, 96, 98, 158, 166
コンシューマ・コミュニケーション　13
コンプライアンス体制　11, 46, 52, 165

さ

最終版　98
サイド　16, 34, 110, 132, 138, 144
雑感　117, 132, 137, 144

し

CSR（企業の社会的責任）　8, 9, 55
時価総額　14
自己責任　54
市場調査　13
締切時間　177
紙面交換　99
社会意識　55, 57, 58, 125
社会罰　21
社会部記者　19, 20, 21, 23, 24, 26, 28, 31, 32,

　　　　　　34, 43, 45, 55, 58, 60, 85, 86, 89,
　　　　　　90, 91, 90, 91, 92, 93, 94, 98, 100,
　　　　　　103, 115, 117, 122, 130, 135, 137,
　　　　　　144, 147, 148, 150, 152, 153, 170,
　　　　　　174, 176, 177, 179, 182, 189, 191,
　　　　　　192
社会面　99, 106, 117, 132, 147, 190
社説　16, 18, 38
社内コミュニケーション　13, 14
社内調査　26, 52, 67, 69, 70, 73, 74, 141,
　　　　　167, 168, 171, 177, 190
週刊誌　75, 87, 96, 159, 183, 190, 191
集団的過熱取材　125, 154, 155
取材拒否　21, 91, 92, 93
取材対象　90, 142, 157
状況把握シート（ポジションペーパー）
　　　　　170, 171, 172, 173
肖像権　125, 159
消費税　5, 6
商法　7, 59, 167
情報価値　22, 43, 71, 75, 93, 98, 116, 151,
　　　　　152, 165, 190
情報経路　23, 24
情報源　86, 87, 115, 116, 131
情報公開　17, 35, 36
情報収集　30, 106, 171
情報操作　86
情報屋　110, 130
食中毒事件　22, 24, 49, 61, 69, 80, 150
食肉偽装表示事件　14
職務権限　131
初動（対応）　69, 70, 105, 114, 151
人格権　125, 158, 159

新商品開発　13
新聞　2, 5, 6, 16, 19, 26, 27, 28, 29, 32, 33,
　　　34, 35, 36, 37, 38, 39, 40, 45, 57, 59,
　　　60, 62, 64, 65, 66, 71, 72, 75, 81, 83,
　　　86, 87, 91, 94, 97, 98, 99, 104, 105,
　　　109, 115, 116, 117, 121, 122, 125,
　　　126, 127, 130, 131, 132, 133, 137,
　　　142, 144, 145, 147, 148, 152, 153,
　　　154, 155, 157, 177, 183, 190, 191,
　　　194
新聞論調　91

す

ステークホルダー　8, 12, 13, 45, 61, 78, 184,
スポークスマン　174
スポーツ紙　39, 75, 87

せ

成果主義　13, 14, 47, 56
生活者　10, 12, 13, 20, 21, 26, 31, 32, 33, 54,
　　　　55, 57, 65, 86, 87, 89, 90, 165, 179,
　　　　180, 188, 189
生活者視線　20, 189
政変　50, 60
責任転嫁　24, 32, 179
設備投資　13
セルサイド・アナリスト　16, 34
善管注意義務　45
潜在的リスク　43
戦略眼　12

そ

想定質問　173
相場の森　15, 16
組織的関与　67, 70, 71, 73, 74

ち

地域住民（団体）　8, 10, 12
地方部デスク　99
調査報道　103, 116, 122
直接税　5

つ

通信社　16, 18, 28, 36, 38, 39, 45, 90, 94, 99, 113, 115, 126, 130, 148, 175, 177, 194

て

訂正記事　182
敵対的買収　14
デジタル放送　10
デマの公式　87
デマの流布量　87, 88
テレビ　2, 5, 6, 39, 75, 87, 99, 104, 106, 107, 115, 125, 126, 131, 133, 138, 144, 145, 148, 152, 176, 177, 178, 179, 180, 181, 182, 183, 185, 186, 190

と

統一見解資料　171
投稿サイト　86, 93
ドキュメント　133, 138
特ダネ　66, 86, 87, 93, 94, 95, 96, 100, 105, 108, 113, 115, 117, 131, 192
トップダウン方式　24
飛ばし記事　182

な

内部告発　46, 47, 48, 51, 62, 65, 66, 69, 86, 92, 100, 194
内部志向性　12
内部通報制度　11, 48, 53
内部統制システム　45, 165

に

日経平均株価　14

ね

ネガティブ情報　12, 23, 24, 41, 43, 54, 71, 88, 93
年次改革要望書　58, 76

の

上りネタ　98
ノンキャリア　3, 4

は

バブル時代　14
早版　99
販売活動　13

ひ

PR　13, 191
B2C（企業対消費者取引）　12
B2B（企業間取引）　12

ふ

フィードバック　31, 44
風説　17, 38, 59, 76, 148
不祥事対応　19, 23, 24, 26, 190
不祥事の情報価値　22, 93, 165
不祥事報道　21
不用意発言　32
プライバシー権　125, 157, 158
ブランディング　20, 21, 40
ブランド構築　87
不良債権　16, 17, 74
ブルームバーグ　18
ブログ　93, 117

197

へ

ベタ記事　16, 98, 152
便宜供与　131
弁護士　52, 57, 67, 70, 119, 161, 177, 191

ほ

法改正　59
報道資料　173, 175
報道による二次的損害　24, 32
ホットライン　24, 31
本記　117, 131, 132, 136, 143, 144, 154

み

ミスリード　32, 160
民事罰　22,

め

名誉毀損　125, 156, 157, 159, 194
メンタル・トレーニング　95

ゆ

有印公文書偽造　72, 73
夕刊紙　75, 87, 148
有名性　43, 61, 72
雪印食品　14, 46, 47, 49, 62, 65, 66, 67, 68, 69, 70, 73, 81, 86, 179

よ

要人発言　126
予定稿　170
夜回り　60, 86, 93, 96, 102, 103, 104, 105, 106, 108, 111, 112, 113, 115, 125, 126, 130

ら

ラジオ　2, 5, 6, 39, 109, 152

り

リーク　17, 18, 101, 102, 148, 149
リーディングカンパニー　61
リード　32, 132, 160
リスク管理体制　45, 46, 47, 87, 165
リスクマネジメント規定　165, 184, 194
リスク予防制度　45
リストラ　13, 14, 47, 89
臨時記者室　178

ろ

ロイヤリティ　14, 47
ローカルルール　20, 188, 189
論説委員　16, 38
論調分析　182

わ

ワイヤー（通信社）　18

《著者紹介》
川野憲一（かわの・けんいち）
1947年生れ。早稲田大学教育学部卒業。編集・制作に携わった後、1973年にPR会社に入社。PR誌の編集・制作のほか、商品、人物、書評、企業、イベントなどの各種PRを経験。報道分析、危機管理PRを手がけるなかで、マスコミとのネットワーク作りに注力。

企業不祥事
－会社の信用を守るための対応策－

平成19年2月20日発行

著　者	川野憲一	
発行者	宮田哲男	
発行所	竹内書店新社	
発　売	㈱雄山閣	

〒102-0071　東京都千代田区富士見2－6－9
電話：03-3262-3231（代）　FAX：03-3262-6938
振替：00130-51685
http://www.yuzankaku.co.jp

印　刷	研究社印刷株式会社	
製　本	協栄製本株式会社	

Ⓒ KENICHI KAWANO
法律で定められた場合を除き、本書からの無断のコピーを禁じます。
Printed in Japan　2007　ISBN 978-4-8035-0353-1　C0034